Nicholas Tar

Quando os sistemas cibernéticos entram em colapso: Atitudes face à utilização e segurança dos ciberespaços

Nicholas Tar

Quando os sistemas cibernéticos entram em colapso: Atitudes face à utilização e segurança dos ciberespaços

ScienciaScripts

Imprint

Any brand names and product names mentioned in this book are subject to trademark, brand or patent protection and are trademarks or registered trademarks of their respective holders. The use of brand names, product names, common names, trade names, product descriptions etc. even without a particular marking in this work is in no way to be construed to mean that such names may be regarded as unrestricted in respect of trademark and brand protection legislation and could thus be used by anyone.

Cover image: www.ingimage.com

This book is a translation from the original published under ISBN 978-620-2-07739-2.

Publisher:
Sciencia Scripts
is a trademark of
Dodo Books Indian Ocean Ltd. and OmniScriptum S.R.L publishing group

120 High Road, East Finchley, London, N2 9ED, United Kingdom
Str. Armeneasca 28/1, office 1, Chisinau MD-2012, Republic of Moldova, Europe
Printed at: see last page
ISBN: 978-620-7-95740-8

Índice

Dedicação

Dedico esta tese à minha mulher, Susan Tar, e aos meus filhos, Nicholas Tar, Jr., Nathan Tar e Noah Tar. A decisão de dedicar esta tese à minha mulher e aos meus filhos foi fácil, porque eles foram não só a fonte da minha inspiração, mas sobretudo o motor que me impulsionou para a frente quando as coisas se tornaram difíceis. A minha mulher Susan, ela própria licenciada em Direito, sabia da importância do ensino superior e apoiou-me com entusiasmo do princípio ao fim. Durante os meus anos de curso, foi ela que me levou de e para o aeroporto para frequentar os institutos residenciais na NSU Florida, e estou-lhe muito grato por isso. A meio do programa, o nascimento dos nossos três adoráveis filhos, a quem chamamos carinhosamente "os três reis magos", e os seus gritos noturnos foram a razão de ser do meu trabalho árduo para lhes garantir um futuro melhor. Rezo para que este doutoramento seja um símbolo de encorajamento para que os meus filhos apreciem e amem a educação e também trabalhem arduamente para alcançarem nas suas vidas o que os seus pais não conseguiram alcançar. Amo-vos a todos com muito carinho.

Agradecimentos

Após anos de rigorosos estudos no programa de doutoramento, cheguei a este ponto singular de reconhecer aqueles cujo apoio incessante me guiou através deste incrível percurso académico que culminou com a redação e defesa desta tese de doutoramento. As palavras de agradecimento só podem fazer pouca justiça à minha orientadora de dissertação, a Dra. Elena Bastidas, e aos membros da comissão, a Dra. Urszula Zanko e o Dr. Solomon Losha, cujo apoio contínuo, críticas positivas e imenso conhecimento me ajudaram a chegar ao ponto de defender esta tese. A sua experiência em metodologia quantitativa, embora por vezes cansativa, criou uma força contagiante que me obrigou a aperfeiçoar os meus conhecimentos de estatística e a cumprir as normas exigidas para realizar investigação na tradição quantitativa.

Esta tese representa não só o meu trabalho na biblioteca e no teclado, mas também um marco de anos de estudo e investigação assíduos na Faculdade de Artes, Humanidades e Ciências Sociais da Universidade Nova Southeastern. A minha experiência e a minha busca intelectual na NSU têm sido nada menos do que espantosas. Como estudante de doutoramento na NSU, foram-me dadas oportunidades únicas de crescimento intelectual, e aproveitei-as, culminando nesta obra-prima de investigação final. Por isso, estou eternamente grato a todos os meus professores da NSU.

O apoio, o amor e o encorajamento do meu falecido pai, Simon Nyuyki Tar, e do meu falecido tio Wilfred Nsai Nassir não só foram um motor eterno de força, como também gravaram em mim o desejo constante de trabalhar arduamente e de ultrapassar os limites da minha imaginação. Embora se autoproclamasse o filho menos inteligente de uma família de cinco filhos, o meu pai sempre rezou pelo meu sucesso e acreditava que eu estava destinado a ser padre ou médico. Orgulho-me de ser hoje as duas coisas, um doutor em filosofia e *um* membro do sacerdócio universal. Sei que ele está profundamente feliz no seu lar celestial, sabendo que o seu filho Nicholas Tar correu a sua corrida académica até ao fim.

Os votos de oração e os sábios conselhos da minha mãe Irene B. Tar; dos meus irmãos Emile L. Tar, Joseph Brian, Hermann B. Tar e Emmanuel Ngam; das minhas irmãs Yvonne Fanka e Camilla Y. Tar; das minhas sobrinhas, sobrinhos e da minha tia, a Rev. Irmã Mary Fidelis; e, especialmente, do meu sogro Henry Fanka e dos meus tios Shufai America Edward Mancho, Bernard Fonlon, Jr., Joseph Musa e Gregory Wirba não me podem escapar à memória e, por isso, estou infinitamente grato.

Ao longo destes anos, aprendi que, tal como há quem construa ferramentas e quem as utilize, estou inclinado a criar as ferramentas utilizadas na investigação científica e tecnológica de ponta. Esta tese apresenta as lições aprendidas ao trabalhar como engenheiro de segurança da nuvem Linux no Centro de Desenvolvimento Douglas da USCIS e no Programa de Leilões de Incentivo da FCC. Os meus supervisores e colegas de trabalho nestes ambientes foram não só engenheiros, gestores, diretores e arquitectos de TI excepcionais, mas também inspiradores na sua dedicação à excelência e segurança das TI.

Estou particularmente grato a Venkat Veeramneni e Fadi Harake, tecnocratas e empresários da Nuvitek. A sua dedicação à excelência em engenharia informática não só foi contagiante, como também me incutiu um desejo crescente de trabalhar arduamente para desenvolver os conhecimentos necessários para implementar aplicações seguras e saudáveis na nuvem.

Estou igualmente grato ao grupo de engenheiros (base de dados, rede e Unix/Linux) e gestores de projectos do Programa de Leilões de Incentivos da FCC com quem trabalho todos os dias. A sua dedicação à excelência informática tem sido louvável. Merecem ser mencionados os seguintes engenheiros Linux/Unix: Tonyio Afagbegee, Kumar Nainala, Rayudu Konanki, David Dugard, Pugazhendhi Selvaraju, WelfDixon, Jay Black, o nosso gestor de programas, e Erik Scheibert, o nosso arquiteto. A amizade de Bernie Beale e Zena Smith também não pode ser esquecida.

Por último, agradeço o apoio que recebi de amigos e profissionais de TI como Daniel Aboyewa e Chuma, Eddy Mayi, Estella Muma e Divine Anye. Que Deus abençoe todos aqueles cujas orações e apoio tornaram isto possível.

Lista de acrónimos

AARP	American Association of Retired Persons
ATM	Automated Teller Machine
CEO	Chief Executive Officer
CIA	Confidentiality, Integrity and Availability
CSI	Computer Security Institute
CV	Control Variable
DC	District of Columbia
DCAR	Department of Conflict Analysis and Resolution
DDoS	Distributed Denial-of-Service
DL	Data Loss
DV	Dependent Variable
FBI	Federal Bureau of Investigation
FL	Financial Loss
FIPS	Federal Information Processing Standard
GDT	General Deterrence Theory
IAP	Incentive Auctions Program
IBM	International Business Machines
IC3	Internet Crime Complaint Center
IDS	Intrusion detection systems
IP	Internet Protocol
IPS	Intrusion protection systems
IT	Information Technology

IV	Independent Variable
MRH	Main Research Hypothesis
MRQ	Main Research Question
NIST	National Institute of Standards and Technology
NSA	National Intelligence Agency
NTIA	National Telecommunications and Information Administration
RCT	Rational Choice Theory
RQ	Research Question
SLT	Social Learning Theory
SOX	Sarbanes-Oxley Act of 2002
SP	Special Publication
SPSS	Statistical Package for the Social Sciences
SQ	Sub-Question
STST	Socio-Technical Systems Theory
TAM	Technology Acceptance Model
UN	United Nations
US	United States

Resumo

Esta investigação centrou-se na análise das diferenças de atitude em relação à utilização da Internet e à segurança, com o objetivo de compreender as relações que a ciberutilização tem com a cibercriminalidade e, em seguida, determinar as melhores práticas necessárias para promover a utilização segura da Internet. A investigação foi concebida como um estudo quantitativo que utilizou a amostragem por julgamento para inquirir 433 casos e explicar a relação existente entre a utilização da Internet e a segurança. Para atingir este objetivo, foram elaboradas questões de investigação e hipóteses para orientar a análise. A análise de tabulação cruzada foi utilizada para comparar as variáveis dependentes e independentes, enquanto os testes estatísticos Qui-quadrado, Lambda e Gama foram utilizados para verificar a relação e identificar a significância estatística da relação. Os resultados revelaram que, embora variáveis como o conhecimento de TI, o montante das perdas financeiras, a educação, a idade, o sexo e o local de residência não apresentassem indícios de uma relação com a segurança, os participantes no estudo estavam preocupados com a utilização segura do ciberespaço e consideravam que a formação de sensibilização para a cibersegurança e o tipo de transação efectuada na Internet estavam associados à segurança, embora a força de cada relação fosse fraca. O estudo salientou os efeitos nocivos da cibercriminalidade e recomendou que os ciberutilizadores adoptem os princípios das melhores práticas quando navegam na Internet e utilizem a formação de sensibilização para a cibersegurança como uma função importante da utilização segura das TI.

Capítulo 1: Introdução e justificação do estudo

Os sistemas de tecnologia da informação, como a Internet, são extremamente benéficos para as pessoas em todo o mundo, especialmente para os estudantes universitários que dependem deles para realizar pesquisas e, em alguns casos, assistir a aulas on-line. Graças à Internet, ocorreram grandes transformações na forma como os seres humanos comunicam, trabalham, se divertem, aprendem, fazem negócios e se relacionam com os outros a nível económico, político, educativo, cultural e social. Os sistemas de TI ajudam as empresas a funcionar melhor, bem como a melhorar as relações com os clientes e os valores das partes interessadas (Setia, Venkatesh, & Joglekar, 2013).

As constantes inovações tecnológicas estão a ajudar as empresas a aumentar a eficiência e também a aumentar o valor do negócio diariamente (Caniels, Lenaerts, & Gelderman, 2015). A investigação diária e a previsão de tendências nos mercados financeiros e os processos de gestão da cadeia de abastecimento necessários para a vida quotidiana são possíveis graças aos sistemas informáticos (Zhang, van Donk, & van der Vaart, 2011).

Embora os benefícios da Internet sejam abundantes, é possível que, com o passar do tempo, a humanidade comece rapidamente a esquecer ou mesmo a dar por garantidos os desenvolvimentos e as melhorias de vida adquiridos com a tecnologia, uma vez que a tecnologia e, em particular, a Internet são agora factos comuns da vida. Quando pensamos nos benefícios da Internet e nos lembramos de que, há pouco mais de 20 anos, a Internet era quase desconhecida da população em geral e só estava disponível para um grupo pequeno e especializado de académicos, cientistas, militares e laboratórios governamentais, não podemos deixar de a apreciar mais, uma vez que a sua expansão tem sido exponencial.

No entanto, à medida que mais pessoas utilizam a Internet, os problemas subtis e por vezes drásticos associados à sua utilização - especialmente os relacionados com ciberataques, cibercrime, segurança dos dados e privacidade - continuam a aumentar (Arlitsch & Edelman, 2014).

Devido a todas estas ameaças, o Presidente Barack Obama advertiu que a ameaça cibernética é um dos mais sérios desafios económicos e de segurança nacional que os Estados Unidos enfrentam (Schmidt, 2010). Em apoio à declaração do Presidente Obama, o National Institute of Standards and Technology (NIST, 2011) afirmou que os países desenvolvidos, como os Estados Unidos, sublinharam a importância da cibersegurança, tanto para a segurança nacional como para a segurança das empresas. O cibercrime é perigoso e pode criar chantagem política e sabotagem, como provado pelo escândalo de hacking russo nas eleições presidenciais dos EUA de 2016.

Os perigos de um ciberataque são reais, o que explica por que razão o governo dos EUA, as forças armadas e a comunidade dos serviços secretos tomaram medidas significativas para construir sistemas de deteção de intrusões com capacidade para defender intrusos indesejados nas suas redes e também para monitorizar sistemas adversários com o objetivo de identificar e desmantelar ameaças antes de serem implantadas (Schmidt, 2010).

Numa tentativa de proteger estes ciber-sistemas, a Agência de Segurança Nacional (NSA) e a comunidade dos serviços secretos construíram e utilizaram satélites de deteção de ciber-espionagem concebidos para monitorizar e realizar operações de reconhecimento em redes adversárias. Estes satélites de deteção são utilizados para monitorizar e identificar conspirações cibernéticas maliciosas e também para seguir as actividades terroristas com vista à sua eventual captura. Entre os exemplos de terroristas altamente visados que o Governo dos EUA capturou com a ajuda de tecnologias de deteção de informações cibernéticas contam-se Osama bin Laden, Anwar al-Awlaki, Mohammed

Emwazi, conhecido por Jihadi John, e outros terroristas de elevado valor.

O facto é que, embora a utilização da Internet seja benéfica para os utilizadores em muitos aspectos, as suas preocupações com a segurança também abundam, evidenciando assim uma ameaça perigosa e urgente que deve ser resolvida ou, pelo menos, contida. Dado que um número crescente de pessoas nos Estados Unidos e em todo o mundo, tanto no sector privado como no público, depende do ciberespaço para a comunicação quotidiana e para os negócios, a proteção destes sistemas e infra-estruturas é do domínio da cibersegurança (Aitoro, 2010b), sendo fundamental encontrar um equilíbrio entre a obtenção dos benefícios da Internet e uma atitude de segurança.

O principal motivador de um ciberataque é o roubo de dados, de propriedade intelectual ou de activos financeiros para ganho pessoal. Por conseguinte, os dados pessoais, os dados financeiros, os dados educativos, os dados relativos à saúde e os dados relativos à segurança nacional devem ser protegidos contra esta ameaça. Uma vez que os activos financeiros são particularmente protegidos contra ameaças de cibersegurança, os sistemas de faculdades e universidades tornaram-se alvos preferenciais, uma vez que armazenam dados semelhantes aos dos bancos (Musil, 2014).

É agora comum ouvir dizer que a maioria dos registos financeiros, administrativos, de emprego, da biblioteca e da propriedade intelectual das universidades foram atacados. Todas estas ocorrências colocaram os estudantes universitários em alerta máximo em matéria de cibersegurança. Um exemplo de um ciberataque a um sistema universitário foi o sofisticado ciberataque da Universidade de Maryland em 2014, no qual foram roubadas informações sensíveis e pessoalmente identificáveis de mais de 300 000 membros do corpo docente, funcionários e estudantes (Musil, 2014).

O debate sobre a cibersegurança domina regularmente o discurso tecnológico nos meios de comunicação social e nas notícias nos EUA e em muitos países industrializados em todo o mundo. Em 2013, o custo médio da gestão de incidentes relacionados com a cibersegurança para 60 organizações baseadas na cibersegurança nos EUA foi de 11,56 milhões de dólares. Na Alemanha, o preço para o mesmo número de agências no mesmo ano foi de 7,56 milhões de dólares, no Japão de 6,73 milhões de dólares, em França de 5,19 milhões de dólares, no Reino Unido de 4,72 milhões de dólares e na Austrália de 3,67 milhões de dólares (Ponemon Institute, 2013). Estas estatísticas demonstram a gravidade de um ciberataque e sublinham o facto de a ameaça não ser apenas tecnológica, mas igualmente económica, uma vez que pode rapidamente levar uma empresa ou um país à falência devido aos elevados custos incorridos com a gestão e o tratamento dos ciberataques.

Considerando a pertinência do contexto deste estudo, é, portanto, apropriado usar as palavras do famoso general chinês Sun Tze, proferidas há mais de 2500 anos, para sublinhar a importância deste assunto. Há mais de 2500 anos, o general Sun Tzu afirmava: "Conhece o inimigo e conhece-te a ti próprio e, em cem batalhas, nunca estarás em perigo" (Tzu, 2005, p. 125). Estas palavras são corretas na guerra militar e igualmente válidas na ciberguerra, uma vez que conhecer o inimigo que ameaça a eficácia das tecnologias da informação é um primeiro passo fundamental que ajuda os engenheiros e os ciberutilizadores a conceber e a utilizar sistemas seguros.

O inimigo aqui são principalmente os hackers que são capazes e estão prontos para explorar as lacunas de segurança, bem como os ciberutilizadores autorizados que, em alguns casos, são descritos como "o elo mais fraco da cadeia de cibersegurança" (Sasse & Flechais, 2005, p. 13). Os utilizadores com atitudes más e indiferentes em relação à segurança são tão perigosos como os hackers. Por conseguinte, a identificação do adversário é um primeiro passo fundamental no combate aos ciberataques e o conhecimento do tipo de papel que as atitudes dos utilizadores da Internet desempenham na ocorrência do cibercrime cria uma melhor plataforma necessária para abordar o problema do cibercrime. É importante notar que a segurança informática não é apenas um discurso sobre tecnologia, mas também uma discussão sobre o pessoal que utiliza estes sistemas, os processos que dependem desta tecnologia e as políticas programáticas que determinam a forma como as pessoas devem interagir com estes sistemas. Por conseguinte, as acções humanas podem ajudar a aumentar a segurança e o bom funcionamento dos ciber-sistemas ou, infelizmente, prejudicar a sua eficácia, causando assim danos que valem muito dinheiro.

As ameaças à segurança da informação e o cibercrime têm significados que se sobrepõem nesta investigação e, para sublinhar essa sobreposição, é necessário definir ambos os termos. De acordo com Newman (2009), o cibercrime é uma situação em que um computador ou uma rede é utilizado como ferramenta, alvo ou apenas um centro de conduta criminosa.

Embora inclua o tema da segurança da informação e as formas de impedir ou detetar intrusos maliciosos de obterem acesso indesejado a activos de informação, também engloba situações muito mais vastas, como a utilização de computadores para cometer um crime, especialmente crimes "tradicionais". Por outro lado, a segurança da informação, de acordo com o NIST SP 800-37; SP 800-53; SP 800-53A; SP 800-18; SP 800-60; CNSSI-4009; FIPS 200; FIPS 199; 44 U.S.C., Sec. 3542 (conforme citado em Kissel, 2013), é "a proteção da informação e dos sistemas de informação contra o acesso, a utilização, a divulgação, a perturbação, a modificação ou a destruição não autorizados, a fim de proporcionar confidencialidade, integridade e disponibilidade" (p. 94).

Outras expressões utilizadas para descrever as violações da cibersegurança incluem a guerra cibernética, que denota um ataque informático deliberado de um Estado a outro para causar danos (Vijayan, 2010), bem como a ciberespionagem, que consiste no roubo de informações digitais sensíveis do governo (Harris, 2010).

Uma análise cuidadosa dos termos acima referidos revela uma ligação intrínseca entre a cibercriminalidade e a violação da segurança da informação, uma vez que a ocorrência de cibercriminalidade demonstra a utilização de computadores ou redes como instrumentos, alvos ou simplesmente centros de actividades criminosas, na maioria das vezes em circunstâncias não autorizadas. Por conseguinte, a presença de cibercrime indica uma infração ou violação dos sistemas de segurança da informação.

Embora os incidentes de cibercriminalidade ou as violações da segurança da informação sejam, na sua maioria, causados pelas acções maliciosas dos hackers, o descuido dos ciberutilizadores e as suas atitudes despreocupadas em relação à segurança funcionam, infelizmente, como trampolins utilizados pelos hackers para causar danos a uma infraestrutura cibernética que vale milhões de dólares. Por conseguinte, chamar a atenção para esta questão, através do desenvolvimento de programas de sensibilização para a segurança e da criação de formas práticas que ajudem os utilizadores da Internet a manterem-se vigilantes em relação à segurança enquanto utilizam a Internet, contribuirá substancialmente para manter a integridade, a confidencialidade e a disponibilidade dos dados.

A gravidade do problema das ameaças cibernéticas é real, uma vez que o acesso não autorizado a dados na Internet atingiu níveis sem precedentes, colocando assim desafios significativos aos utilizadores (Eloff & von Solms, 2000; Schultz, Proctor, Lien, & Salvendy, 2001). Todos os que utilizam a Internet têm um interesse neste jogo, especialmente os criadores de software que escrevem software, bem como os ciberutilizadores que utilizam a Internet para negócios e outras actividades.

É uma triste realidade que os utilizadores da Internet, que são os beneficiários da tecnologia, sejam vistos como "o elo mais fraco da cadeia" (Sasse & Flechais, 2005, p. 13) de segurança do sistema e, consequentemente, sejam utilizados pelos hackers para violar a segurança. Kevin Mitnick, um hacker de renome, prova este ponto quando afirma a facilidade com que os hackers decifram as palavras-passe enganando os utilizadores através de técnicas de engenharia social. Este exemplo indica uma grande lacuna de segurança nos utilizadores que tem de ser resolvida se quisermos fazer algum progresso na segurança dos sistemas (Sasse & Flechais, 2005).

O desejo das pessoas de se protegerem a si próprias e aos seus bens não é novo para a humanidade. A segurança sempre foi uma parte importante da vida humana, uma vez que a segurança e os bens das pessoas estão sempre em risco devido a ataques deliberados ou danos acidentais, e o mesmo se aplica quando se trata de activos de dados. A necessidade e a utilização cada vez maiores da tecnologia, especialmente da Internet para diversos fins, sublinham a necessidade de as pessoas e as organizações protegerem os seus bens electrónicos, uma vez que a experiência mostra que os hackers estão sempre por perto e prontos a causar danos.

Embora a literatura indique que os profissionais das tecnologias da informação tentam continuamente melhorar e reforçar a segurança da informação, é necessário mais trabalho, uma vez que as violações cibernéticas continuam a ser galopantes. Embora as pessoas e, em especial, as empresas atribuam enormes recursos financeiros à segurança dos seus sistemas, a aquisição e a implantação desses recursos de segurança não protegem automaticamente os sistemas, uma vez que muitos utilizadores são descuidados em relação à segurança e pensam que uma violação informática está longe de os afetar. Esta ilusão é perigosa, pois se os ciberutilizadores continuarem a negligenciar os mecanismos de segurança, como os verificadores de vírus, a gestão das palavras-passe ou a encriptação do correio eletrónico e outras ferramentas de segurança, qualquer esforço para proteger os sistemas de informação será inútil (Sasse & Flechais, 2005).

O facto é que as atitudes dos ciberutilizadores em relação à segurança desempenham um papel fundamental, ajudando ou não a reforçar a segurança informática. Se os utilizadores ignorarem a possibilidade de existir uma ligação entre as suas atitudes de utilização da Internet e as ciberameaças e continuarem a demonstrar atitudes descuidadas em matéria de cibersegurança, divulgando indiscriminadamente as suas palavras-passe, não encriptando mensagens confidenciais, continuando a desligar os verificadores de vírus e não reconhecendo a possibilidade de as suas atitudes de utilização da cibersegurança poderem pôr em risco os activos de dados, continuarão a ocorrer violações da segurança.

Os atacantes precisam de explorar apenas *um* único erro para infligir danos graves. O que é preocupante é que a maioria dos utilizadores da Internet continua a fazer as mesmas coisas e a esperar resultados diferentes. Se os utilizadores da Internet admitirem que são o elo mais fraco da cadeia de segurança e não melhorarem a sua atitude em relação à segurança da informação, os atacantes continuarão a explorar as lacunas do fator humano e a tentar violar os sistemas (Mitnick & Simon, 2003).

No primeiro capítulo, são apresentados os antecedentes e a relevância do estudo, resumindo a literatura relevante para o tema e apresentando lacunas na literatura que possivelmente serão preenchidas pela investigação. O primeiro capítulo também apresenta a declaração do problema da investigação de uma forma que realça a importância de se envolver na investigação. Ao fazê-lo, o objetivo do estudo é destacado, bem como a metodologia utilizada para analisar adequadamente a declaração do problema.

Além disso, as questões de investigação e as hipóteses são apresentadas e analisadas com base nos dados recolhidos no inquérito. As variáveis da investigação são também explicadas e os termos-chave são definidos. As limitações da investigação são também discutidas, realçando assim o significado e a importância da investigação no desenvolvimento do conhecimento.

Antecedentes Relevância do estudo

Neste mundo moderno da tecnologia, e em particular na última década, a dependência das tecnologias da informação (TI) para as actividades empresariais diárias e a competitividade atingiu níveis alarmantes em todos os países (Grant & Royle, 2011). Muito poucas pessoas, se é que há alguma, na sociedade ocidental são deixadas de fora dos efeitos e da utilização plena das tecnologias da informação e da Internet. Com o avanço da globalização, as instituições educativas, económicas, políticas, militares, jurídicas e sociais dependem progressivamente de sistemas automatizados e das tecnologias da informação para os seus serviços de energia e de fornecimento.

Esta dependência apresenta riscos de segurança quando todos estes serviços são coordenados por sistemas baseados na Internet que, por si só, são vulneráveis devido a factores de segurança relacionados com o software, o hardware e o ser humano. Apesar de grandes quantidades de dados valiosos e sensíveis serem continuamente processados, armazenados e recuperados destes sistemas informáticos, existe um enorme risco de abuso, uma vez que os intervenientes não autorizados se esforçam diariamente por roubar esses dados para benefício pessoal (Bisong & Rahman, 2011).

Os contextos económicos e políticos globais, as infra-estruturas tecnológicas e as mudanças socioculturais continuam a criar ambientes em mutação para estabelecimentos como as universidades e as empresas que dependem de sistemas cibernéticos para a prestação eficiente dos seus serviços. Todos estes factores humanos e não humanos aumentam o número de ameaças a que estão sujeitos os ciberactivos e uma atitude isolacionista e indiferente face a estas ameaças não pode ser a norma (Loch, Carr, & Warkentin, 1992). Estas ameaças exigem uma monitorização constante dos sistemas informáticos, uma vez que 93% das grandes empresas e 87% das pequenas empresas comunicam regularmente violações da segurança (Price Waterhouse Cooper, 2013).

Os estudiosos da segurança informática e da informação indicaram a necessidade de os utilizadores da Internet incorporarem técnicas de cibersegurança nas suas atitudes diárias em relação à utilização do ciberespaço. O resultado de ignorar esta exultação conduz a sistemas vulneráveis que apenas representam um risco de segurança para os dados comerciais (Straub & Welke, 1998). Este enfoque na segurança das TI é fundamental para as empresas, tanto do sector público como do privado, uma vez que a literatura indica que o comprometimento de dados afecta regularmente mais de 200 milhões de consumidores (Garrison & Ncube, 2011).

No mundo moderno, a gestão da segurança informática não é um conceito novo, uma vez que os dados são vitais para as empresas (Susanto, Almunawar, & Tuan, 2012). Com a utilização maciça da Internet, a importância da segurança dos dados não pode ser subestimada. Por conseguinte, as organizações devem implementar controlos que protejam os seus sistemas de TI e medir e monitorizar a profundidade das ameaças que enfrentam (Carter, Phillips, & Millington, 2012).

No sector das tecnologias da informação, são protegidos e preservados quatro aspectos fundamentais da informação. São eles a disponibilidade, a integridade, a autenticidade e a confidencialidade (Parker, 1998). Disponibilidade significa proteger a informação para a tornar acessível para um determinado fim. Integridade significa proteger a informação de modo a que esteja completa, íntegra e inalterada. Autenticidade significa proteger a informação de modo a que seja válida e genuína. Confidencialidade significa proteger a informação de modo a que só seja divulgada a pessoas autorizadas (Parker, 1998).

Uma preocupação significativa na gestão da segurança da informação é a questão da correção eficaz das vulnerabilidades e dos danos causados por ataques e falhas sistémicas. Apesar deste problema real, a literatura indica que ainda se dá mais atenção às abordagens tecnológicas para resolver o problema das ciberameaças (Besnard & Arief, 2004) do que à utilização de uma metodologia sociotécnica que englobe os aspectos técnicos e humanos das TI (Dhillon & Backhouse, 2000).

Embora as configurações técnicas sejam fundamentais para resolver alguns dos problemas de segurança, o fator humano é igualmente importante, tendo em conta que a tecnologia é concebida, implementada, operada, protegida e mantida por pessoas (Rasmussen, 1994; Reason, 1997). Por conseguinte, independentemente da força e da conceção sofisticada das configurações técnicas para proteger e tornar seguras as redes, as falhas de segurança da informação causadas por acções humanas criam lacunas de vulnerabilidade que são exploradas pelos hackers para seu proveito (Bishop, 2002).

O cibercrime e os ciberataques são um problema mais real do que nunca nesta época (Arlitsch & Edelman, 2014). Nas últimas décadas, os crimes informáticos eram cometidos principalmente por funcionários descontentes que infligiam intencionalmente danos físicos ao próprio computador. O hacking era praticado por programadores de software que realizavam testes de penetração e exercícios de hacking ético, escrevendo software malicioso e programas auto-replicantes para interferir com a segurança para fins de teste, endurecimento e aprendizagem. Atualmente, a pirataria informática evoluiu gradualmente para envolver actividades generalizadas de piratas informáticos que ganham dinheiro invadindo deliberadamente sistemas para seu proveito.

Com o aumento dos ciberataques e do roubo de dados nesta era informática, as empresas dedicam atualmente uma média de 40% do seu orçamento anual de TI à luta contra os ciberataques (Lo & Chen, 2012). Os cientistas sociais gastam agora enormes quantidades de horas de investigação a escrever sobre a importância da segurança dos dados, bem como sobre os factores que podem ou não explicar essa atividade. Entre estes factores, o papel dos factores humanos e organizacionais tem sido estudado através da lente de muitas disciplinas. Alguns destes estudos centram-se em áreas como a engenharia cognitiva, as ciências informáticas, a engenharia de factores humanos, os sistemas de informação e segurança, as ciências de gestão, a dinâmica de sistemas e as ciências da complexidade.

Embora estas disciplinas examinem os efeitos das atitudes humanas nos sistemas de informação, as complexidades inerentes a estas actividades exigem uma investigação contínua para colmatar as lacunas existentes (Cresswell & Hassan, 2007; Dhillon & Backhouse, 2000; Fumell, 2007; Schultz, 2005).

A justificação deste estudo reside no facto de fornecer um teste empírico a partir da literatura existente e de dados de inquéritos sobre a relação entre as atitudes dos utilizadores e a segurança da Internet. A literatura existente sobre o assunto é escassa e a investigação não foi capaz de conceber uma solução eficaz para o problema das ciberameaças, como se pode ver pelo número crescente de ciberataques em todo o mundo. No entanto, a literatura indica uma relação que precisa de ser analisada.

Este estudo pretende ultrapassar as limitações metodológicas de estudos anteriores, não dependendo apenas da literatura, mas indo mais longe e recolhendo dados em primeira mão dos ciberutilizadores através de um inquérito. As perguntas do questionário foram concebidas para recolher informação precisa sobre o tema, mas não de forma aberta. Esta metodologia permite uma maior visualização e análise simultânea dos dados do inquérito, proporcionando assim uma maior influência estatística. A abordagem também retira os seus pontos fortes da análise dos factores de limitação e de risco recolhidos a partir do método estatístico utilizado no estudo. Ao incorporar estes factores de risco e ao analisá-los, obtém-se uma maior compreensão.

Declaração do problema

Este estudo foi concebido para se centrar nos estudantes universitários da área de Washington, DC, a fim de compreender a relação existente entre as atitudes dos ciberutilizadores relativamente à adoção de tecnologia e à segurança da Internet. A compreensão desta relação é fundamental para o estudo, porque os ciberataques não ocorrem apenas através de acções de hackers, mas também devido às atitudes dos ciberutilizadores autorizados. A utilização da Internet é boa, mas o desconhecimento das suas preocupações de segurança é perigoso, pois um erro pode danificar todo um sistema. Por conseguinte, os utilizadores da Internet são incentivados a compreender os efeitos que as suas atitudes têm na segurança dos seus sistemas informáticos e a desenvolver uma atitude consciente em matéria de segurança durante a utilização da Internet.

A importância da Internet como repositório de dados necessários ao empreendedorismo humano é inegável, o que explica o facto de um número crescente de pessoas ter adotado a utilização diária da Internet como parte integrante da vida quotidiana. A utilização da Internet para fins educativos e de investigação é visível em muitos domínios da vida e, embora as bibliotecas físicas ainda existam como símbolo de investigação e conhecimento, a proliferação de bibliotecas virtuais facilita ainda mais a investigação, tornando a utilização da Internet uma parte inevitável da vida dos estudantes.

Apesar de todos estes casos de utilização, existe um grande perigo à espreita, uma vez que as actividades de pirataria informática continuam a aumentar. O anúncio de serviço público do IC3, intitulado "Cyber-related Scams Targeting Universities, Employees, and

Students", sublinha este problema e indica que, em 13 de janeiro de 2015, foi emitido um aviso do FBI alertando os estudantes universitários para terem cuidado com esquemas fictícios de "trabalho a partir de casa"[1] (Federal Bureau of Investigation, 2015).

Um estudo realizado pela Price Waterhouse Cooper indica que o número de ciberataques detectados nos EUA disparou em 2014 e aumentou 48% em relação a 2013 (White, 2014). Este aumento dos ciberataques levou as empresas a comunicar mais de 2800 violações de dados que afectam mais de 543 milhões de registos (Romanosky, Hoffman, & Acquisti, 2014).

Segundo os académicos, em 2015 ocorreram 42,8 milhões de ciberataques, o que corresponde a cerca de 117 339 ataques por dia (Bennet, 2014), e os custos combinados dos programas de segurança informática do governo e das empresas dos EUA ascendem a 15 mil milhões de dólares por ano (Gabinete Executivo do Presidente dos Estados Unidos, 2013), criando assim uma crise urgente para os profissionais da cibersegurança e da gestão de emergências. Os engenheiros de cibersegurança, os ciberutilizadores e os profissionais de TI devem levar estes ataques a sério e aumentar a investigação para determinar como lidar com o problema das ciberameaças, quer através da formação, do desenvolvimento de teorias, do desenvolvimento de sistemas defensivos, da mudança de políticas e, sobretudo, de mudanças de atitude por parte dos utilizadores. O facto é que o cibercrime é real e pode potencialmente gerar danos de enormes proporções se não for cuidadosamente tratado.

Compreender e lidar com a questão da cibersegurança é fundamental, uma vez que a Internet continua a desempenhar um papel fundamental na vida das pessoas. Os dados da Nielsen sublinham este ponto, afirmando que, em 2011, mais de 274,2 milhões de americanos utilizaram a Internet, com uma certa probabilidade de que um número ainda maior se junte a este movimento de utilizadores da Internet. Representando este crescimento em termos monetários, só em 2011 os americanos gastaram mais de 256 mil milhões de dólares em compras online de retalho e relacionadas com viagens (Palis, 2012).

Estes números realçam a importância de educar os ciberutilizadores sobre como utilizar a Internet de forma segura. A intenção desta investigação é compreender a relação que as atitudes dos ciberutilizadores têm na ocorrência de cibercrime e, ao fazê-lo, realçar a importância da segurança na utilização diária da Internet e também lançar as bases para uma melhor investigação sobre cibersegurança através da formação de sensibilização para a cibersegurança e da partilha de informações. **Objetivo do estudo**

A investigação centra-se na utilização de um inquérito por amostragem para examinar as atitudes dos estudantes universitários relativamente à utilização e à segurança da Internet, a fim de compreender o tipo de relações existentes entre a utilização da Internet e a ocorrência de cibercrime. Este conhecimento determinará as melhores práticas necessárias para promover a confidencialidade, a disponibilidade e a integridade dos dados.

Embora muita literatura tenha explicado a interação entre os seres humanos e os sistemas informáticos (Parsons, McCormac, Butavicius, Pattinson, & Jerram, 2014), um foco limitado é dedicado a explicar a relação que existe entre as atitudes dos ciberutilizadores e a cibercriminalidade. Não obstante, as tentativas muito limitadas de explicar os factores que afectam a utilização segura ou insegura dos sistemas cibernéticos estão escritas numa linguagem técnica que é, na sua maioria, incompreensível para os ciberutilizadores comuns (Trcek, Trobec, Pavesic, & Tasic, 2007). Os estudiosos da tecnologia devem encontrar formas eficazes de promover a tecnologia utilizando uma linguagem simples que explique as funções técnicas da tecnologia sem comprometer a segurança. Tal medida ajudaria os ciberutilizadores a criar uma melhor atitude na adoção e utilização da tecnologia.

Ao isolar e discutir a relação existente entre as atitudes dos ciberutilizadores e as violações da cibersegurança, alarga-se o raciocínio analítico que considera as potenciais variáveis intervenientes necessárias para mitigar os possíveis danos que podem ocorrer em resultado de uma violação da cibersegurança. Esta abordagem permite evitar a possibilidade de porosidade na explicação da relação existente entre as atitudes dos cibernautas face à segurança e a ocorrência de cibercrime. Além disso, esta investigação é pertinente porque contribui para desenvolver uma base sistemática e científica para uma boa ação política que informe e eduque os ciberutilizadores sobre formas seguras de utilizar a Internet.

O número crescente de ciberataques e vulnerabilidades gera consequências dispendiosas para os ciberutilizadores e as empresas. Os meios de comunicação social publicam sempre relatórios que destacam o custo dos ciberataques para as empresas em todo o mundo. A maioria destes relatórios destaca os milhares de milhões de dólares perdidos com o roubo, a fraude e o abuso de computadores. (Power, 2002). Um exemplo deste tipo de relatório é o inquérito de 2002 do Computer Security Institute/Federal Bureau of Investigation (CSI/FBI) sobre a criminalidade informática e a segurança. De acordo com este inquérito, 90% dos inquiridos do governo e das empresas reconheceram ter sofrido *um* ciberataque que levou a perdas financeiras que podem totalizar aproximadamente 455 848 000 dólares (Power, 2002).

Um outro relatório de 2008 do Computer Security Institute e do Federal Bureau of Investigation, realizado a partir de dados de 522 profissionais de segurança da informação de empresas dos Estados Unidos, indicava que a perda média por participante era de 288 618 dólares, causada por todos os tipos de incidentes de segurança informática

(Richardson, 2008).

Em maio de 2014, a IBM patrocinou o Instituto Ponemon para realizar uma pesquisa sobre incidentes de violação cibernética em61 organizações nos Estados Unidos, e o relatório indicou que, só em 2014, 44% dos incidentes de ciberataques envolveram um ataque malicioso ou criminoso, 31% surgiram de negligência de funcionários ou utilizadores, e 25% emanaram de alguma falha de sistema que inclui tecnologia de informação e algumas falhas de processos de negócio (Instituto Ponemon, 2014). Destas violações, as mais dispendiosas envolveram acções maliciosas contra a organização, que ascenderam a 246 dólares per capita por violação de dados. Seguem-se as falhas do sistema ou algum erro humano, com um custo de 171 dólares e 160 dólares por violação de dados per capita, respetivamente. Todos estes números representam um custo anual total que varia entre 688.250 dólares e 23,1 milhões de dólares para as empresas (Ponemon Institute, 2014).

Quando os custos pós-violação de dados, como as actividades de help desk, as comunicações de entrada, as actividades especiais de investigação, as actividades de reparação, as despesas legais, os descontos de produtos, os serviços de proteção de identidade e as intervenções regulamentares foram calculados, os dados mostram que as empresas incorreram em mais 1,60 milhões de dólares em despesas, que se somaram às já enormes e dispendiosas violações de dados. A tudo isto juntam-se os custos comerciais perdidos de 3,03 milhões de dólares, que incluem uma rotação anormal de clientes, o aumento das actividades de aquisição de clientes, perdas de reputação e diminuição da boa vontade (Ponemon Institute, 2014).

O estudo também procurou descobrir se a relação entre as atitudes dos utilizadores em relação à segurança da Internet poderia ser utilizada como um indicador precoce de uma vulnerabilidade que poderia ser responsável por uma possível violação da cibersegurança.

Nhara (1996) teoriza o alerta precoce como um sistema de informação capaz de fornecer dados indicativos que podem ser utilizados para prever o aparecimento de uma crise ou de uma possível violação da cibersegurança. Esta afirmação de Nhara realça o facto de as violações da segurança informática poderem ser previstas e, por conseguinte, a análise das atitudes dos ciberutilizadores em relação à cibersegurança é importante, uma vez que ajuda a aumentar a sensibilização e a destacar os sinais de alerta precoce que podem degenerar numa crise informática (1996).

Visão geral da gestão de riscos de TI

A gestão do risco, tal como é interpretada nesta investigação, centra-se nos efeitos adversos brutos da existência de vulnerabilidades, tendo em conta a probabilidade e o impacto da sua ocorrência. Este quadro de gestão dos riscos instituído pelo National Institute of Standards and Technology (NIST) é necessário para o estudo porque realça a importância da cibersegurança, explicando a natureza dos riscos que existem nos ambientes cibernéticos com o objetivo de indicar como esses riscos podem ser geridos e corrigidos através da avaliação dos riscos (NIST, 2016).

O objetivo da incorporação da avaliação do risco no estudo é dar aos ciberutilizadores a capacidade de compreenderem o risco associado às suas atitudes em relação à utilização da Internet e fornecer-lhes o método necessário para gerirem esse risco de uma forma que os ajude a resolver os problemas antes de se tornarem realidade. A avaliação dos riscos garante que as informações contidas no sistema são confidenciais, estão disponíveis quando necessário e não são alteradas aleatoriamente.

A gestão e a avaliação dos riscos ajudam os utilizadores cibernéticos a selecionar controlos de segurança rentáveis que satisfaçam as suas necessidades. A gestão do risco deve então ser moldada pelo objetivo comercial (NIST, 2016). Do ponto de vista empresarial, os utilizadores devem identificar os serviços que promovem o seu objetivo empresarial, localizar os que são mais críticos para a empresa, avaliar o risco que enfrentam e abordar primeiro os riscos mais críticos para evitar um ataque.

É importante notar que os programas de gestão informática e de cibersegurança não são concebidos apenas para um grupo de utilizadores selecionados, mas sim para todos os que utilizam a Internet, pois quem não pratica uma boa cibersegurança destrói os esforços dos que o fazem e, consequentemente, torna inútil todo o esforço de segurança.

A gestão do risco envolve três processos que funcionam em conjunto para reforçar a segurança num ambiente informático. São eles a avaliação do risco, a atenuação do risco e a avaliação do risco. Todos estes factores são necessários para um programa de gestão do risco eficaz e a maioria incorpora processos de avaliação do risco, passos de mitigação do risco e, finalmente, medidas de avaliação do risco. A avaliação e a gestão do risco não são exclusivas do sector das tecnologias da informação e, consequentemente, permeiam a tomada de decisões em todas as áreas da existência humana (NIST, 2016).

O conhecimento da estrutura de gestão de riscos deve ser incorporado no currículo de formação regular que deve ser seguido por todos os utilizadores cibernéticos de uma organização. Esta estrutura começa por categorizar o sistema de informação de acordo com a Publicação Especial do National Institutes of Standards and Technology, NIST SP 800-60 e as diretrizes da Norma Federal de Processamento de Informação, FIPS 199. Após a categorização, o passo seguinte seria selecionar os controlos de segurança e definir uma linha de base de acordo com o NIST SP 800-53. Depois disso, o controlo de segurança é implementado utilizando as diretrizes NIST 800-18. Após a implementação dos controlos, a estrutura avalia as verificações de segurança utilizando o NIST 800-53A como guia e desenvolvendo um relatório de avaliação de segurança utilizando o NIST 800-30. Em seguida, o sistema é autorizado e é criado um plano de ação e etapas para o ambiente, o que ajuda a corrigir quaisquer vulnerabilidades futuras identificadas. Para concluir, o quadro permite um mecanismo de monitorização regular dos controlos de segurança implementados utilizando o NIST SP 800-137 (NIST, 2016).

Questões de investigação

Este estudo explica a relação que existe entre a utilização do ciberespaço e a preocupação com a cibersegurança para compreender o que explica a ocorrência de cibercrime. Para atingir este objetivo, foram identificadas questões de investigação:

RQ1. Existe uma relação entre a atitude dos utilizadores relativamente à importância da formação de sensibilização para a cibersegurança e o seu nível de preocupação com a cibersegurança?

RQ2. Existe uma relação entre o facto de os utilizadores se considerarem conhecedores de TI e o seu nível de preocupação com a cibersegurança?

RQ3. Existe uma relação entre o tipo de transação para a qual o utilizador utiliza maioritariamente a Internet e o seu nível de preocupação com a cibersegurança?

RQ4. Existe uma relação entre o montante das perdas financeiras sofridas devido a uma violação cibernética e o nível de preocupação com a cibersegurança?

RQ5. Existe uma relação entre o nível de escolaridade do utilizador da Internet e o seu nível de preocupação com a cibersegurança?

RQ6. Existe uma relação entre o género do utilizador da Internet e o seu nível de preocupação com a cibersegurança?

RQ7. Existe *uma* relação entre a idade do utilizador da Internet e o seu nível de preocupação com a cibersegurança?

RQ8. Existe uma relação entre o local de residência do utilizador da Internet e o seu nível de preocupação com a cibersegurança?

Hipóteses

As hipóteses são utilizadas na investigação para responder às questões de investigação e definir as relações entre as variáveis de investigação, o que foi o caso nesta investigação. Para examinar adequadamente as relações existentes entre a utilização e a segurança cibernéticas, foram desenvolvidas as seguintes hipóteses.

Hipótese H1: Existe uma associação significativa entre a atitude dos utilizadores da Internet em relação à importância da formação de sensibilização para a cibersegurança e o seu nível de preocupação com a cibersegurança.

Hipótese H0₁ : Não existe uma associação significativa entre a atitude dos utilizadores da Internet em relação à importância da formação de sensibilização para a cibersegurança e o seu nível de preocupação com a cibersegurança.

Hipótese H2: Existe uma associação significativa entre o facto de os utilizadores da Internet se considerarem conhecedores de TI e o seu nível de preocupação com a cibersegurança.

Hipótese H0₂ : Não existe uma associação significativa entre o facto de os utilizadores da Internet se considerarem conhecedores de TI e o seu nível de preocupação com a cibersegurança.

Hipótese H3: Existe *uma* associação significativa entre o tipo de transação para a qual o utilizador utiliza mais a Internet e o seu nível de preocupação com a cibersegurança.

Hipótese H0₃ : Não existe uma associação significativa entre o tipo de transação para a qual o utilizador utiliza mais a Internet e o seu nível de preocupação com a cibersegurança.

Hipótese H4: Existe uma associação significativa entre o montante das perdas financeiras incorridas devido a uma violação cibernética e o nível de preocupação com a cibersegurança.

Hipótese H0$_4$: Não existe uma associação significativa entre o montante das perdas financeiras incorridas devido a uma violação cibernética e o nível de preocupação com a cibersegurança.

Hipótese H5: Existe uma associação significativa entre o nível de escolaridade do ciberutilizador e o seu nível de preocupação com a cibersegurança.

Hipótese H0$_5$: Não existe uma associação significativa entre o nível de escolaridade do ciberutilizador e o seu nível de preocupação com a cibersegurança.

Hipótese H6: Existe uma associação significativa entre o sexo do ciberutilizador e o seu nível de preocupação com a cibersegurança.

Hipótese H0$_6$: Não existe uma associação significativa entre o sexo do ciberutilizador e o seu nível de preocupação com a cibersegurança.

Hipótese H7: Existe uma associação significativa entre a idade do ciberutilizador e o seu nível de preocupação com a cibersegurança.

Hipótese H0$_7$: Não existe uma associação significativa entre a idade do ciberutilizador e o seu nível de preocupação com a cibersegurança.

Hipótese H8: Existe uma associação significativa entre o local de residência de um ciberutilizador e o seu nível de preocupação com a cibersegurança.

Hipótese H0$_8$: Não existe uma associação significativa entre o local de residência de um ciberutilizador e o seu nível de preocupação com a

ciberesegurança.

Quadro teórico

A garantia da informação - ao contrário de muitas outras disciplinas tradicionais, como a

psicologia, a sociologia e a criminologia, embora já existam há muitos anos - adquiriu

não só um reconhecimento notável, mas também uma utilização particularmente singular

após a ratificação da Lei Sarbanes-Oxley de 2002, que respondeu a uma onda altamente

visível de má conduta empresarial (Cegielski, 2008). Esta ênfase recente na garantia da

informação após a Lei Sarbanes-Oxley justifica o facto de ainda ser escassa uma extensa

literatura sobre o assunto.

A ameaça emergente e crescente representada pelos ciberataques realça uma urgência rara

mas necessária no desenvolvimento da teoria da cibersegurança, uma vez que o mundo

está a tornar-se cada vez mais complexo, dinâmico e imprevisível. Os cientistas

informáticos, os psicólogos sociais, os criminologistas, os profissionais da resolução de

conflitos e outros investigadores estão atualmente a procurar formas de explicar

adequadamente estes crimes emergentes, uma vez que os modelos e métodos existentes

para a resolução de conflitos são particularmente desafiados face a estas tendências. Estas

tendências ocorrem tão rapidamente que os profissionais da resolução de conflitos têm de

se adaptar a esta realidade, uma vez que as suas soluções estão a tornar-se rapidamente

ineficazes (Coleman, 2011).

Devido à dinâmica fluida e mutável da tecnologia, o desenvolvimento efetivo da literatura

tem de recorrer a muitas disciplinas para explicar adequadamente as muitas componentes

da segurança da informação. Por conseguinte, o segundo capítulo do estudo concentra-se

na recolha de investigação que se situa na intersecção da tecnologia da informação, da

psicologia social, da sociologia, da criminologia e do comportamento humano para explicar a relação entre a cibersegurança, as atitudes humanas e a ciberutilização.

Para compreender adequadamente a relação que a usabilidade tem com a segurança da Internet, o erro humano surge como um fator importante que tem de ser analisado (Senders & Moray, 1991). Essa análise clarificará as relações complexas e os factores subjacentes que desencadeiam a ação ou a inação no que se refere à cibercriminalidade.

As violações da cibersegurança são realidades indesejáveis que indicam as vulnerabilidades presentes nos sistemas tecnológicos enquanto meios eficientes e seguros de transmissão de dados. Estas vulnerabilidades indicam que a segurança da informação tem de ser uma parte integrante do desenvolvimento de software e promovida tanto pelos engenheiros como pelos utilizadores.

No centro da maioria dos ciberataques estão a fraqueza humana, o erro humano e a dinâmica da atitude humana. As lacunas tecnológicas, bem como as limitações humanas, são exploradas pelos cibercriminosos para seu proveito pessoal. Para iniciar um quadro teórico que ajude a desenvolver formas de abordar o problema da cibercriminalidade, os académicos começaram a desenvolver quadros, teorias e modelos de erro humano (Senders & Moray, 1991).

O que não é muito claro é se estas estruturas de erro humano podem ser utilizadas para efetuar uma análise exaustiva da utilização pessoal das crises no sector da cibersegurança ou, pelo menos, fornecer uma estrutura em torno da qual possam ser concebidas novas técnicas de investigação humana. Ao mesmo tempo, se todas estas preocupações pudessem ser facilmente explicadas, este esforço não seria necessário e eliminaria também a necessidade de criar mais uma estrutura de erro. Por conseguinte, a questão que precisa de ser respondida é "como identificar e aplicar um quadro adequado ao seu caso de utilização"?

A melhor forma de abordar esta questão seria examinar as teorias postuladas pelos académicos sobre este assunto (Shappell & Wiegmann, 2001). À primeira vista, esta abordagem parece assustadora se tivermos de examinar cada uma das teorias, tendo em conta que a questão da usabilidade, das atitudes humanas e do erro humano tem sido discutida há décadas e que foram desenvolvidos muitos modelos, teorias e quadros de erro humano (Senders & Moray, 1991).

A questão aqui é que nem todas estas teorias, modelos e enquadramentos são relevantes para explicar adequadamente o foco do presente estudo, explicando assim porque é que o desafio seria identificar e analisar apenas aqueles que são significativos para este estudo.

O esforço aqui consistiria, então, em abordar este tópico de uma forma focalizada, limitando a atenção ao exame de um conjunto mais pequeno e mais manejável de teorias de ciber-utilização que têm uma relação com as atitudes dos ciberutilizadores em relação à segurança na Internet. Com esta abordagem, são identificáveis quatro teorias relevantes com as suas vantagens e desvantagens únicas (Shappell & Wiegmann, 2001; Wiegmann, Rich, & Shappell, 2000). São elas a teoria da aprendizagem social, as teorias gerais da dissuasão e da escolha racional, o modelo de aceitação da tecnologia e a teoria dos sistemas sociotécnicos (Shappell & Wiegmann, 2001). No segundo capítulo, estas teorias são exploradas quanto aos seus contributos para a explicação da cibersegurança, centrando-se em quadros isolados que caracterizam cada teoria na medida em que são relevantes para analisar as atitudes dos utilizadores em relação à segurança na Internet.

Natureza do estudo

As constantes mudanças nos conhecimentos tecnológicos e a contribuição de muitas variáveis tornam difícil para os investigadores e engenheiros de cibersegurança desenvolver uma solução abrangente para o problema da cibersegurança. Por esta razão, a teoria da cibersegurança está continuamente a ser desenvolvida para responder à natureza evolutiva da tecnologia e às ameaças que enfrentam, o que explica por que razão este estudo foi concebido para ser associativo e não causal.

Uma vez que os ciberataques evoluem diariamente e envolvem uma multiplicidade de intervenientes, é difícil encontrar uma solução ou explicação única para todos os incidentes informáticos. A intenção aqui é, portanto, clarificar o assunto, compreendendo o tipo de relação que existe entre as variáveis. Para tal, serão levantadas questões que visam desafiar os académicos a expandir a investigação na intersecção das tecnologias da informação, da resolução de conflitos e da psicologia social. Através desta investigação, o fenómeno torna-se mais familiar e são adquiridos novos conhecimentos que são necessários para o desenvolvimento da teoria.

Para esclarecer melhor o assunto, são examinados os potenciais paralelos e relações existentes entre as variáveis, para ver como essas relações moldam a literatura. Outra componente importante desta investigação é a revisão da literatura. Embora o desenvolvimento da literatura relacionada com este tema esteja em curso, a literatura existente é explorada e alargada. Fundamental para o estudo é o questionário que foi concebido para captar respostas específicas que ajudarão a clarificar a relação que existe entre as variáveis, contribuindo assim para expandir a teoria.

O método de investigação para este estudo é quantitativo porque está a ser examinada a relação entre variáveis e a validação ou invalidação das hipóteses de investigação (Denzin, 2012). A metodologia qualitativa também pode ser utilizada para explorar um problema, um caso ou um grupo através de inquéritos, entrevistas e observações dos participantes (Bansal & Corley, 2011). A metodologia qualitativa não se adequava a este estudo porque os participantes não foram observados nem entrevistados.

Outra metodologia que poderia ter sido utilizada é o método misto. O método misto é utilizado quando se combinam as experiências dos participantes e os dados empíricos para determinar a relação e as diferenças entre as variáveis identificadas (Yin, 2013). Uma vez que o estudo se centrou apenas na relação entre as variáveis recolhidas a partir das respostas dos participantes ao questionário, não foi incorporado um método misto no estudo.

Lista de variáveis-chave para o estudo

Para compreender adequadamente e encontrar formas de tornar a utilização da Internet segura para os estudantes na área de Washington, DC, nos Estados Unidos, as variáveis de investigação teriam de ser listadas, definidas e analisadas. Essas definições indicarão os factores a ter em conta ao analisar a relação existente entre as atitudes dos ciberutilizadores e a cibersegurança.

Do ponto de vista da conceção e da abordagem do tema, a cibersegurança é a variável que foi testada com base nos contributos dos ciberutilizadores. Por isso, a cibersegurança é a variável dependente e as variáveis independentes são as atitudes dos ciberutilizadores em relação à segurança, o montante das perdas financeiras, o tipo de ciberataques sofridos e a formação em cibersegurança. As variáveis de controlo incluem a idade, o sexo, o nível de escolaridade e o local de residência.

Definição de termos

Cibersegurança. A cibersegurança, também designada por segurança informática, centra-se na proteção de computadores, redes, programas e dados contra o acesso, a alteração ou a destruição não intencionais ou não autorizados (Kissel, 2013).

Ameaças à segurança da informação. Este termo significa, em termos gerais, qualquer possível dano ou prejuízo resultante da utilização indevida ou abusiva de activos de informação protegidos (Haley, Laney, Moffett, & Nuseibeh, 2006). Além disso, as ameaças à segurança da informação são situações que podem resultar no comprometimento de um sistema de informação e causar um efeito adverso nas operações comerciais, nos activos comerciais e nos indivíduos, como a divulgação ou o acesso não autorizado a informações confidenciais através de engenharia social e phishing (Ryan, Mazzuchi, Ryan, Cruz, & Cooke, 2012).

Práticas de segurança da informação. A prática da segurança da informação envolve o seguinte:

O comportamento dos indivíduos na gestão dos riscos de segurança da informação envolve dois aspectos: a adoção de tecnologia de segurança e o comportamento de cuidado consciente da segurança relacionado com a utilização do computador e da Internet. O primeiro está relacionado com a utilização de software e funcionalidades de segurança, tais como software antivírus, anti-spyware e uma função de bloqueio de pop-ups. O segundo refere-se ao comportamento de conformidade com a segurança na utilização de um computador e da Internet, como a utilização de uma palavra-passe segura e a frequência com que se faz uma cópia de segurança. (Rhee, Kim, & Ryu, 2009, p. 818).

Cibercrime. De acordo com Newman (2009), o cibercrime é definido como uma situação em que um computador ou uma rede é utilizado como ferramenta, alvo ou apenas um centro de conduta criminosa.

Hacker. A palavra "hacking" conota o ato de invadir ilegalmente redes informáticas e a Internet para roubar dados para proveito pessoal, e aqueles que se dedicam pessoalmente a este tipo de atividade ilegal são chamados hackers (Howard, 1997; Hutchison, 1997; Rasch, 1996; Stoll, 1985; Taylor, 1998).

Atitude. A atitude é "uma tendência psicológica que se expressa através da avaliação de uma determinada entidade com algum grau de favorecimento ou desfavorecimento" que, por vezes, conduz à ação (Eagly & Chaiken, 1993, p. 1; Ferguson & Bargh, 2007).

Conhecedor de TI. O termo "conhecedor de TI", tal como utilizado no estudo, refere-se a alguém que tem conhecimentos e é proficiente na utilização da tecnologia, especialmente dos computadores, ou que tem conhecimentos práticos sobre como utilizar os computadores.

Experiência/conhecimento informático. A experiência/conhecimento informático (EC) foi definida como o conhecimento e a experiência dos utilizadores em matéria de computadores, Internet e segurança da informação (Rhee et al., 2009).

Ciberespaço. A rede interdependente de infra-estruturas de tecnologias da informação que inclui a Internet, as redes de telecomunicações, os sistemas informáticos e os processadores e controladores incorporados (Joinson, 2001; Kissel, 2013).

Violação de dados. Uma violação de dados é um acesso não autorizado a informações seguras ou a divulgação de informações sensíveis a uma parte, geralmente fora da organização, que não está autorizada a ter ou ver as informações (Adebayo, 2012; Romanosky et al., 2014).

Garantia da informação. A garantia da informação constitui as medidas que protegem e defendem a informação e os sistemas de informação, assegurando a sua disponibilidade, integridade e confidencialidade (Kissel, 2013).

Acesso. De acordo com o National Institute of Standards and Technology (NIST SP 800-32) (como citado em Kissel, 2013) e Harris (2013), o acesso é a capacidade e os meios para comunicar ou interagir de outra forma com um sistema, para utilizar os recursos do sistema para tratar informações, para obter conhecimento das informações que o sistema contém ou para controlar os componentes e funções do sistema.

Computação em nuvem. De acordo com Harris (2013) e Kissel (2013), a computação em nuvem é um modelo informático que permite o acesso à rede a pedido a um conjunto partilhado de capacidades ou recursos de computação configuráveis, tais como redes, servidores, armazenamento, aplicações e serviços que podem ser rapidamente aprovisionados e libertados com um esforço mínimo de gestão ou de interação com o fornecedor de serviços.

Infra-estruturas críticas. De acordo com o Committee onNational Security Systems (CNSSI-4009) (citado em Kissel, 2013), as infra-estruturas críticas são os sistemas e activos, físicos ou virtuais, tão vitais para a sociedade que a sua incapacidade ou destruição pode ter um impacto debilitante na segurança, na economia, na saúde ou segurança pública, no ambiente ou em qualquer combinação destes aspectos.

Gestão do risco empresarial. A gestão do risco empresarial é uma abordagem abrangente à gestão do risco que envolve pessoas, processos e sistemas em toda a organização, a fim de melhorar a qualidade da tomada de decisões para gerir os riscos que podem prejudicar a capacidade da organização para atingir os seus objectivos (Kissel, 2013; Harris, 2013).

Deteção de intrusões. De acordo com o National Institute of Standards and Technology (NIST SP 800-32) (como citado em Kissel, 2013) e Harris (2013), a deteção de intrusões é o processo e os métodos de análise de informações de redes e sistemas de informação para determinar se ocorreu uma violação da segurança ou uma violação da segurança.

Bugs. De acordo com o Webster's New World Dictionary of American English, um bug é "um defeito inesperado, falha, falha ou imperfeições" (Neufeldt & Guralnik, 1991, p. 182). Na gíria de programação, os "erros" são conhecidos como "bugs". O processo de encontrar erros antes de os utilizadores do programa o fazerem chama-se depuração, que começa depois de o código ser escrito pela primeira vez e continua por fases à medida que o código é combinado com outras unidades de programação para formar produtos como sistemas operativos ou aplicações.

Descrição e funcionamento das variáveis

Variável dependente

Cibersegurança. De acordo com o Comité dos Sistemas de Segurança Nacional (CNSSI-4009) (citado em Kissel, 2013) e Fuchs, Pemul e Sandhu (2011), o conceito de cibersegurança, tal como utilizado neste estudo, refere-se a quaisquer tentativas de proteger os sistemas cibernéticos devido a um ciberataque iminente cometido com a ajuda da Internet ou de meios informáticos ou de telecomunicações semelhantes. Estes incluem violações de engenharia social, malware, violações baseadas em software, ataques a aplicações, violações baseadas em redes, ameaças e vulnerabilidades sem fios, violações da segurança física e vulnerabilidades (Kissel, 2013).

De acordo com Brenner (2004), o cibercrime, que é a área da cibersegurança em que nos centramos, é qualquer atividade criminosa que envolva a Internet, um sistema informático ou tecnologia informática. Também se pode dizer que é a utilização ilegal de computadores e da Internet para benefício pessoal. Os tipos de cibercrime são coisas como roubo de identidade, phishing, técnicas de engenharia social, entre outros. O cibercrime também é por vezes designado por hacking, que tem origem no ato ilegal de modificar um programa, alterando o próprio código para servir um objetivo ilegal. Neste estudo, a cibersegurança e o cibercrime são utilizados indistintamente, consoante a circunstância em causa. A cibersegurança é operacionalizada neste estudo como o nível de preocupação com a cibersegurança de um indivíduo.

Alguns métodos utilizados para violar as redes de cibersegurança

Engenharia social. Esta variável do estudo é interpretada como um ataque em que o hacker utiliza o engano e os truques para convencer os ciberutilizadores desprevenidos a fornecerem dados sensíveis ou a violarem as diretrizes de segurança (Taylor & Nufryk, 2014). Existem dois tipos de ataques de engenharia social. São eles o semântico e o sintático.

Engenharia social semântica. Trata-se de explorações que visam as falhas de segurança nas pessoas que operam o computador e não na própria máquina e podem ser efectuadas através de métodos baseados no ser humano ou no computador. No contexto deste estudo, a engenharia social assintótica e semântica será definida como exploits que visam manipular os comportamentos sociais e psicológicos dos ciberutilizadores com a intenção de obter informações privadas do utilizador para aceder ilegal e fraudulentamente a dados para benefícios pessoais (Barrett, 1997; Schneier, 2000).

Engenharia social sintáctica. Trata-se de explorações relacionadas com a lógica de funcionamento do software ou da rede ou com vulnerabilidades, tais como lacunas no software, negação de serviço e dificuldades com algoritmos criptográficos (Schneier, 20001). No contexto do presente estudo, a engenharia social sintáctica será definida como explorações relacionadas com falhas de segurança fundamentais, como o malware e o smurfing.

Malware. Esta é uma das ameaças mais comuns que afectam os computadores atualmente. No estudo, o malware é descrito como código malicioso ou software indesejado que infecta os sistemas informáticos e os faz funcionar de formas indesejáveis. De acordo com Taylor e Nufryk (2014) e Harris (2013), o malware é insidioso e difícil de remover do sistema sob ataque porque pode apresentar-se sob muitas formas que, por vezes, são difíceis de identificar e erradicar, mesmo com a mais sofisticada ferramenta de proteção contra as vulnerabilidades.

O malware não é, portanto, monolítico por natureza, uma vez que se apresenta sob diferentes formas e métodos, tornando-o difícil de eliminar. Identificar os vários tipos de malware e a forma como funcionam coloca-nos em melhor posição para combater a sua infeção e evitar que infectem o sistema. Algumas formas de ataques de malware ou código malicioso são vírus, worms, adware, spyware, cavalos de Troia, rootkits, bombas lógicas, botnets, ransomware, vírus blindados e muito mais (Taylor & Nufryk, 2014).

Ameaças baseadas em software. Para além dos ataques que enganam as componentes humanas dos sistemas de informação, como os ataques de engenharia social e os que realçam os perigos do código malicioso, existem ataques que se centram diretamente nos elementos de software do sistema (Taylor & Nufryk, 2014). No estudo, estes são identificados como ataques que visam o sistema operativo e outros sistemas de software informático. Estas formas de ataques podem prejudicar gravemente as operações do computador e, por isso, é importante que os ciberutilizadores reconheçam estes tipos de ataques e sejam capazes de se proteger contra eles. Alguns desses ataques são os ataques por palavra-passe e os ataques backdoor (Taylor & Nufryk, 2014).

Ataques a aplicações. Estas formas de ataques são descritas no estudo como ataques de software que visam sistemas baseados na Web ou outras aplicações cliente-servidor (Taylor & Nufryk, 2104). São perigosos porque não se limitam apenas às aplicações, aos servidores Web, aos utilizadores e a outros sistemas back-end, mas podem também atacar o próprio código da aplicação. Quando isto acontece, podem ocorrer violações da autenticação, bem como falsificação da identidade do cliente, divulgação de informações, divulgação ou adulteração do código-fonte e graves violações da rede. Algumas destas formas de ataque são os ataques de scripting entre sítios, as explorações de dia zero, os ataques de ligação, o estouro de memória intermédia e muito mais (Taylor & Nufryk, 2014).

Ameaças baseadas em redes. Estas formas de ataques são descritas no estudo como ataques que sequestram redes, que são a força vital dos sistemas, impedindo assim as redes de se ligarem a outras para produzir informação ou permitir a comunicação (Taylor & Nufryk, 2014). Estas formas de ataques podem deitar abaixo sistemas empresariais, causando assim danos significativos no valor de milhões de dólares. Alguns destes ataques são ataques de varrimento de portas IP, ataques de escuta, ataques man-in-the-middle, ataques de repetição, ataques de redes sociais, ataques DoS, ataques de sequestro de sessões e muito mais (Taylor & Nufryk, 2014).

Ameaças e vulnerabilidades sem fios. Estas formas de ataque são identificadas no estudo como ataques que se concentram em sistemas sem fios e causam danos a redes internas e sem fios (Taylor & Nufryk, 2014). Não é novidade que as redes sem fios estão hoje em dia em todo o lado e que a proteção dos dispositivos contra as vulnerabilidades das redes sem fios é importante para proteger os dados sensíveis contra o acesso não autorizado. A segurança sem fios é, por conseguinte, importante, uma vez que protege estas redes contra acessos indesejados. Alguns desses ataques são os pontos de acesso rouge, evil twinsjamming, bluejacking, bluesnarfing, war driving, packet sniffing e muito mais (Taylor & Nufryk, 2014).

Ameaças físicas e vulnerabilidades. Quando se consideram as ameaças aos sistemas de informação, as ameaças virtuais são o foco principal. Embora perigosas em si mesmas, as ameaças físicas são igualmente perigosas. No estudo, estas formas de ataque são descritas como compondo e afectando os componentes físicos da rede e as instalações que contêm os sistemas (Taylor & Nufryk, 2014). O que é significativo destas formas de ataque é o facto de os recursos físicos serem igualmente importantes quando se fala de segurança da informação. Embora seja importante manter os atacantes afastados das redes, é igualmente importante protegê-los contra o roubo, o comprometimento ou a destruição do hardware em que esses sistemas funcionam. Algumas das ameaças físicas contra as quais nos devemos proteger podem ser internas, externas, naturais ou provocadas pelo homem (Taylor & Nufryk, 2014).

Variáveis independentes

Atitudes em relação à utilização da Internet. Neste caso, a atitude explica uma forma estabelecida de pensar ou sentir sobre algo que se reflecte no comportamento ou na ação. Uma atitude positiva exala um comportamento positivo, enquanto uma atitude negativa projecta um comportamento negativo. A atitude em relação à utilização da Internet explica então a inclinação operacional de um ciberutilizador em relação à utilização da Internet e às actividades que lhe estão associadas (Smith, Caputi, & Rawstone, 2000).

A atitude de um ciberutilizador em relação à utilização da Internet e às actividades que lhe estão associadas determina se o utilizador utilizará a Internet de forma segura ou não. Se um ciberutilizador tiver uma atitude positiva em relação à formação em cibersegurança, por exemplo, essa atitude traduzir-se-á na segurança com que o utilizador utilizará a Internet. De acordo com Garland e Noyes (2005), quanto maior for a confiança de um ciberutilizador no acesso e na utilização segura da Internet, mais positiva será a sua atitude em relação à utilização da Internet, reforçando assim a segurança do sistema.

Uma vez que a atitude de uma pessoa em relação a algo predispõe a ação, a atitude em relação à usabilidade da Internet, tal como utilizada no estudo, descreve os efeitos positivos ou adversos que as atitudes dos ciberutilizadores têm na segurança da Web (Smith et al., 2000). Conhecer a relação existente entre a atitude de um utilizador e a segurança da Internet é importante porque a incapacidade de um utilizador para utilizar a

Internet de forma segura contribui para a exploração cibernética que, na maioria dos casos, é perigosa para as empresas ou para as vítimas.

A segurança na Internet é uma questão importante nos EUA atualmente, o que explica o facto de os meios de comunicação social transmitirem regularmente incidentes de ciberataques. Em junho de 2013, os meios de comunicação social apresentaram uma cascata de relatórios divulgados pelo contratante da NSA, Edward Snowden, sobre os programas de vigilância do governo. Estas revelações abriram novas feridas e realçaram as preocupações sobre a melhor forma de preservar os dados dos cidadãos na era digital.

Embora a segurança dos dados seja necessária para proteger os ciberactivos contra ciberataques, a cibervigilância em si mesma é problemática, uma vez que as pessoas não sabem ao certo onde se encontra o equilíbrio entre a segurança dos dados e a cibervigilância. Encontrar um equilíbrio entre a segurança e a confidencialidade dos dados e a cibervigilância é outro tema que precisa de ser cuidadosamente estudado.

Conhecedor de TI. Savvy, como verbo, significa saber ou compreender algo. Savvy é por vezes utilizado como adjetivo para indicar que alguém é experiente, conhecedor ou bem informado sobre algo. Também pode ser utilizado como substantivo para indicar compreensão prática, astúcia ou inteligência em relação a algo (Neufeldt, V., & Guralnik, D. B., 1991). O termo "experiente em TI", tal como utilizado no estudo, refere-se a alguém que tem conhecimentos sobre a utilização de sistemas de tecnologia da informação ou que tem conhecimentos práticos sobre como utilizar computadores.

O custo financeiro incorrido com a cibercriminalidade. Esta variável ajudou o investigador a descobrir se o montante de dinheiro incorrido com um ciberataque determinaria o interesse das vítimas pela cibersegurança (Acquisti, Friedman, & Telang, 2006). Poder-se-ia pensar que uma pessoa que sofre uma perda monetária significativa em resultado de um ciberataque poderia prestar mais atenção à segurança do que uma pessoa que sofre uma perda financeira menor em consequência de um ciberataque. Embora isto possa parecer razoável, tal conclusão não pode ser tirada de sentimentos, mas sim de dados de inquéritos que esta investigação apresenta.

Formação de sensibilização para a cibersegurança. A base de qualquer formação em cibersegurança é ajudar um participante a tomar consciência das ciberameaças existentes e também dar ao ciberutilizador as ferramentas necessárias para se proteger contra essas ameaças (Eminagaoglu et al., 2009). Esta noção cria, portanto, o pressuposto de que as pessoas que receberam formação em cibersegurança podem ser melhores utilizadores da Internet do que aquelas que não a receberam. Num discurso académico, uma afirmação tão abrangente tem de ser apoiada por factos, e os dados do inquérito ajudariam o investigador a apresentar um argumento informado sobre esta questão.

Tipo de transação na Internet. Esta variável ajudou o investigador a determinar se o tipo de transação efectuada na Internet tem alguma relação com a preocupação com a segurança. Isto é importante porque esclarece a hipótese de que as pessoas que utilizam a Internet para transacções financeiras se preocupam mais com a segurança do que as que utilizam a Internet para actividades menos sensíveis.

Variáveis de controlo

Idade. A questão da idade pode parecer desnecessária e inconsequente quando se fala de segurança da informação, mas isso pode mudar rapidamente se se começar a analisar qual o grupo etário que se sente à vontade para aceder e utilizar os sistemas de informação. Esta questão é a razão pela qual a idade foi introduzida no estudo.

A razão pela qual a idade é incluída no estudo é para descobrir se certos grupos etários têm mais facilidade em utilizar a Internet de forma segura do que outros e se essa vontade de utilizar a Internet de forma segura tem ou não uma relação com a utilização da Internet.

A questão seria então que, embora todos os estudantes utilizem a Internet, os estudantes universitários mais jovens podem ter mais conhecimentos sobre segurança da informação do que os mais velhos. Este facto é importante para esta investigação, uma vez que os resultados do estudo indicariam onde deveriam ser atribuídos recursos para melhorar a segurança.

Género. Esta variável é relevante para o estudo, uma vez que ajudou a mostrar, a partir do inquérito, se um género se preocupa mais com a segurança na Internet do que o outro e porquê. Este conhecimento também ajudou a propor a forma de alinhar os recursos quando se trata de abordar a cibersegurança (American Psychological Association, 2006, pp. 1 -2).

O nível de educação. Esta variável é importante no estudo, pois indica se o nível de educação de um ciberutilizador está ou não relacionado com a sua preocupação com a segurança (Hornsby, 2006). Uma vez que o nível de educação pode estar relacionado com a idade, a investigação prestou atenção aos dados do inquérito para verificar se existe alguma disparidade no que diz respeito a ser vítima de cibercrime entre os jovens estudantes e os estudantes mais velhos. A questão de saber se a falta de cuidado tem algo a ver com a idade e as habilitações literárias também foi explicada aquando da análise desta variável.

Residência. A intenção do investigador com esta variável era saber se o local de residência de um ciberutilizador tem alguma relação com a consciência da cibersegurança. Este conhecimento é importante porque clarifica o pressuposto de que os ciberutilizadores que vivem em zonas urbanas e acedem facilmente à Internet estão mais familiarizados com a segurança da Internet do que os ciberutilizadores que vivem em zonas rurais e podem não ter acesso fácil à Internet. Os dados do inquérito informaram estes pressupostos e deram forma à teoria.

Descrição da metodologia, recolha de dados e análise

Este estudo explorou as diferenças de atitude na utilização e segurança da Internet com o objetivo de compreender a relação entre as atitudes dos ciberutilizadores e o nível de preocupação de um indivíduo com a cibersegurança. Os ciberataques têm vindo a ocorrer e a causar danos nas redes desde há muito tempo, o que explica a necessidade de compreender quais os factores responsáveis pelos ciberataques. Numa tentativa de compreender o cibercrime e a sua relação com as atitudes dos ciberutilizadores, a investigação recolheu e analisou dados de ciberutilizadores regulares através de um inquérito. As perguntas do inquérito foram concebidas para captar a relação que as atitudes dos ciberutilizadores têm com a cibersegurança, não na perspetiva de uma descoberta de causa e efeito, mas sim de um processo de descoberta de relações. Para além de utilizar o inquérito como fonte primária de recolha de dados, a literatura existente também foi utilizada para analisar os dados.

Nível de medição das variáveis

O padrão de medida das variáveis é significativo, pois revela o tipo de relação que existe entre os valores atribuídos aos atributos de cada variável. Esta análise ajudou a determinar a forma de interpretar os dados obtidos a partir de cada variável. Observando a natureza das perguntas do inquérito, a maioria das variáveis era nominal, com a possibilidade de algumas serem ordinais durante a medição e a manipulação dos dados.

As perguntas do inquérito foram concebidas para extrair informações específicas dos participantes. Este método foi intencional, pois ajudou a erradicar as respostas que se afastavam do objetivo da investigação. As perguntas do inquérito não eram apenas categorizadas, mas exigiam sobretudo respostas do tipo 'sim' ou 'não[1]' , sublinhando assim a sua natureza nominal.

População do estudo

A utilização da Internet tornou-se uma parte fundamental e inevitável da vida quotidiana. Isto porque quase todos os aspectos da experiência humana dependem da Internet, seja para negócios, investigação, cuidados de saúde e outras actividades. Esta dependência da Internet é ainda mais significativa nos ambientes educativos. Atualmente, em todo o mundo e nos EUA em particular, quase todos os cursos universitários têm uma ligação fundamental à Internet, seja para fins de investigação, administrativos ou comerciais.

Regista-se que aproximadamente 86% dos estudantes nos Estados Unidos dependem e utilizam a Internet para a sua educação, em comparação com 59% da população em geral (Jones, 2002). Estes números são ainda mais elevados quando se analisam amostras de universidades específicas. Fortson, Scotti, Malone e Del Ben (2007) afirmam que, durante um estudo semelhante, 90% dos inquiridos reconheceram utilizar a Internet diariamente. Estes dados encorajaram o investigador a limitar a população deste estudo a estudantes com idade igual ou superior a 18 anos. Este grupo etário abrange estudantes desde o nível universitário até aos níveis de pós-graduação e doutoramento.

Amostragem

Nesta investigação, foram incluídos estudantes de todos os géneros que frequentam universidades da área metropolitana de Washington, DC. Os participantes tinham de ter idade igual ou superior a 8 anos e utilizar ativamente a Internet. O método consistiu em conceber um questionário e carregá-lo no SuveyMonkey para que os estudantes universitários de Washington, DC, participassem de livre vontade no inquérito. A expetativa era receber um total de 433 casos.

Em investigação, uma amostra pode ser definida como "a parte finita de uma população estatística cujas propriedades são estudadas para obter informações sobre o todo" (Neufeldt & Guralnik, 1991, p. 1187). No caso da interação humana, uma amostra seria um grupo de pessoas que responderam e aceitaram ser selecionadas de entre muitas para participar num inquérito. A amostragem na investigação seria, portanto, o processo utilizado para escolher representantes de uma população a utilizar num exercício de investigação. Para o fazer com êxito, foi utilizada a estatística inferencial para permitir ao investigador determinar as caraterísticas de uma população através do discernimento das amostras utilizadas.

Pressupostos

Um pressuposto fundamental para o estudo foi o facto de os ciber-sistemas estarem em risco devido ao número crescente de ciberataques, o que indica a necessidade de os ciberutilizadores estarem mais conscientes da segurança quando utilizam a Internet. Embora este pressuposto só possa ser verificado através da comparação das relações entre as variáveis do estudo, não deixa de ser importante, uma vez que dá a oportunidade de explorar mais e de compreender algumas das lacunas que se notam na literatura.

Embora os dados dos inquéritos e a literatura possam não ser suficientes para colmatar todas as lacunas existentes na literatura e também possam não ajudar a sensibilizar para a importância da segurança da Internet, outras vias, como a formação em cibersegurança, a educação e as políticas organizacionais, podem colmatar as lacunas que faltam na literatura.

Âmbito de aplicação e delimitações Inferências

Embora os ciberataques afectem todos os utilizadores da Internet, o seu estudo numa perspetiva global é impraticável, pois seria demasiado abrangente. A abordagem utilizada neste estudo consistiu em abordar a questão a partir de uma população-alvo e depois fazer extrapolações a partir dos resultados. Embora a hipótese do estudo tenha sido desenvolvida com base na literatura e na teoria existentes, será posteriormente testada (Wilson, 2010). Este método dá ao investigador a capacidade de raciocinar do particular para o geral.

O âmbito e a amostra desta investigação foram os estudantes da área de Washington, DC. Este âmbito ajudou na gestão e análise dos dados. Seguindo uma metodologia dedutiva, foi formulado um conjunto de hipóteses, que foram testadas para determinar se deviam ser rejeitadas ou não.

Um dos principais problemas que a investigação pretende discutir é a realidade da natureza mutável do crime. Tradicionalmente, o domínio da análise e resolução de conflitos centrava-se essencialmente na resolução de crimes cometidos por pessoas através do contacto físico e da interação. Esta abordagem tradicional mudou com o advento dos crimes de base tecnológica, uma vez que os criminosos operam nas sombras do software (Coleman, P. T. (2011).

Esta mudança representa um desafio que os profissionais da resolução de conflitos e da gestão de riscos têm de enfrentar, ajustando a forma como os conflitos são tradicionalmente analisados e resolvidos (Coleman, P. T. (2011). O objetivo do estudo é sensibilizar para a natureza mutável e desafiante da cibercriminalidade e incitar os investigadores a criarem valor, fazendo os ajustamentos necessários para responder às realidades em evolução da época. As acções de grupos terroristas como o ISIS, que utilizam as redes sociais para difundir a sua ideologia terrorista, são a prova deste desafio.

Limitações do estudo

Embora a usabilidade da Internet seja valiosa para pessoas de todo o mundo, os seus problemas de segurança criam um risco insuperável para os utilizadores que, em alguns casos, são vistos como "o elo mais fraco da cadeia de cibersegurança" (Sasse & Flechais, 2005, p. 13). O objetivo deste estudo é determinar se as atitudes dos ciberutilizadores têm alguma relação com a ocorrência de cibercrime. Este conhecimento ajudará a educar os ciberutilizadores sobre as melhores práticas necessárias para promover a disponibilidade, a integridade e a confidencialidade dos dados. A metodologia utilizada para o estudo apenas demonstra a relação que existe entre as variáveis do estudo e não determina se a ocorrência de uma variável causa a outra. Embora isto possa parecer uma limitação, lança as bases para futuros estudos de apuramento de factos.

Embora os engenheiros e os ciberutilizadores estejam a trabalhar incansavelmente para enfrentar os desafios colocados pela inovação tecnológica contínua, esses esforços são insuficientes, uma vez que se centram mais em soluções técnicas, limitando assim a capacidade de resolver o problema da cibercriminalidade, que tem muitas componentes. Embora seja importante enfrentar os desafios técnicos, as atitudes dos utilizadores e as políticas operacionais devem ser examinadas e melhoradas, porque são as pessoas que utilizam a Internet. (Mitchell & Nault, 2003). A inovação e o desenvolvimento tecnológicos constantes também dificultam a abordagem adequada do problema da cibercriminalidade, o que constitui um desafio para a investigação, pois mesmo que os utilizadores melhorem a sua atitude em relação à segurança, a inovação tecnológica constante continuará a representar um desafio

Não obstante, a resolução deste estudo é que a gestão de riscos de TI seja abordada numa perspetiva mais ampla e que se proceda a ajustamentos contínuos para responder aos desafios apresentados. Também se deve ter em conta o facto de que a mudança de foco não é o único problema, considerando que existem requisitos de segurança crescentes, custos cada vez maiores, alocação eficiente de recursos e patrocínio de investimentos em segurança (Acquisti, Friedman, & Telang, 2006).

Tendo em conta o que precede, um quadro eficaz de gestão dos riscos de segurança da informação deve ser eclético, no sentido em que os utilizadores e as organizações devem partilhar as melhores práticas entre si e, ao mesmo tempo, utilizar as melhores e mais recentes ferramentas tecnológicas (Bostromand & Heinen, 1977). O desafio que se coloca a esta investigação é saber até que ponto se pode ser eclético para resolver eficazmente todos os problemas potenciais. Os académicos, os gestores e os decisores políticos devem adotar uma abordagem baseada em soluções para esta questão, analisando as teorias relevantes e os dados estatísticos de diferentes disciplinas e, em seguida, desenvolvendo uma teoria informada pelas melhores práticas.

Embora os dados recolhidos na literatura e as respostas aos inquéritos tenham desempenhado um papel significativo na formulação das conclusões desta investigação, esses dados eram ainda limitados, uma vez que a inovação tecnológica é contínua, apresentando assim novos desafios que demoram muito tempo a ser compreendidos e abordados. O facto é que a produção de novo hardware e software antivírus é fundamental para proteger os dados, mas os utilizadores devem reafectar regularmente os recursos e abordar a questão da gestão dos riscos de cibersegurança tanto do ponto de vista tecnológico como humano para serem eficazes (Mitchell & Nault, 2003).

Uma possibilidade que se colocava à investigação era a da porosidade. Embora a análise das variáveis fosse parte integrante da metodologia, era possível que, durante essa investigação de relações, surgissem lacunas na literatura. Apesar disso, esta possibilidade foi contida pela utilização de variáveis controladas para cobrir as lacunas e exprimir o discurso sobre a relação existente entre as variáveis.

Importância do estudo

O objetivo é compreender a relação que existe entre as atitudes de utilização do ciberespaço e a segurança da Internet, de modo a alargar os conhecimentos necessários para enfrentar os riscos e conflitos cibernéticos quando estes surgem. Neste mundo da tecnologia da informação, o crime assume várias formas e os investigadores devem ajustar continuamente a sua abordagem para responder aos desafios que se apresentam (Coleman, P. T. (2011). Os profissionais da resolução de conflitos e da gestão de crises não podem continuar a agir como habitualmente e esperar resolver adequadamente os problemas actuais.

Os ciberataques revelaram uma nova fase da criminologia, e tanto os investigadores como os profissionais devem ajustar as metodologias e as tácticas de desenvolvimento da teoria para fazer face aos tempos de mudança (Coleman, P. T. (2011). A análise dos dados do inquérito produziria as conclusões do estudo, abrindo assim novas vias para orientar a investigação em matéria de cibersegurança.

Os resultados dos inquéritos evidenciariam as realidades mutáveis existentes na cibersegurança e indicariam as áreas que necessitam de reparação. A formação em cibersegurança seria uma excelente forma de melhorar a segurança nas TI. Estas dinâmicas em mudança ajudariam os decisores políticos a criar legislação que regesse a utilização do ciberespaço de forma a limitar o risco e a guerra cibernética.

Estas conclusões também abrirão laços de parceria entre os departamentos de resolução de conflitos, engenharia e informática sobre a forma de abordar a cibercriminalidade. A metodologia utilizada no estudo mostra as relações existentes entre as variáveis, lançando assim as bases para novas investigações destinadas a enfrentar a ameaça cibernética.

Conclusão

Neste capítulo, fez-se uma breve revisão da literatura sobre ciberutilidade e apresentou-se a justificação da dissertação. Foram também apresentadas as questões de investigação, bem como o âmbito, os objectivos, as limitações e a relevância do estudo. Por fim, o capítulo também se debruçou sobre os quadros conceptuais do estudo, bem como explicou e justificou as variáveis escolhidas para o estudo.

Capítulo 2: Revisão da literatura

Introdução e reformulação do problema de investigação

O advento dos sistemas de tecnologia da informação, como a Internet e outros, gerou uma revolução nas comunicações na sociedade atual. Através da Internet, pessoas de todos os cantos do mundo ligam-se e realizam facilmente as suas actividades diárias (Howard, 1997; Sterling, 1992). Graças à Internet, as ideias sobre educação, negócios, cuidados de saúde, finanças e outras questões importantes da vida circulam para um público mais vasto de forma rápida e segura (Caimcross, 1997; Dizard, 1997; Etzioni, 1997; Fishkin, 1992; Moore, 1987; Schwartz, 1996; Sproull & Kiesler, 1992).

Embora a Internet seja muito benéfica para todas as pessoas, a sua utilização produziu novas formas de acções criminosas, especialmente as praticadas por hackers que estão prontos a invadir redes e a roubar dados para seu proveito pessoal (Goodell, 1996; Littman, 1995).

Embora os hackers estejam prontos e dispostos a invadir sistemas e roubar dados, as atitudes dos ciberutilizadores em relação à segurança ajudam por vezes o trabalho dos hackers. Esta atividade explica por que razão a compreensão da relação entre as atitudes dos ciberutilizadores e a segurança da Internet é essencial para este estudo. Para criar um âmbito mais manejável para a investigação, o estudo incluiu uma amostra de estudantes da área metropolitana de Washington, DC.

A palavra "hacking" conota o ato de invadir ilegalmente redes informáticas e a Internet para roubar dados para proveito pessoal, e aqueles que se dedicam pessoalmente a este tipo de actividades ilegais são chamados hackers (Howard, 1997; Hutchison, 1997; Rasch, 1996; Stoll, 1985; Taylor, 1998).

O termo "hacker" tem assumido muitas conotações ao longo do tempo. Inicialmente, tinha uma associação positiva que descrevia programadores excepcionais no domínio da informática (Chandler, 1996). Com o passar dos anos, e os programadores inteligentes continuaram a investigar e a desenvolver software utilizado para decifrar códigos e efetuar testes de penetração e hacking ético, o seu significado foi gradualmente assumindo um sentido negativo e referia-se apenas a indivíduos que se dedicam, com sucesso ou sem sucesso, à penetração não autorizada de firewalls com código malicioso para os seus próprios ganhos ilegais e pessoais (Howard, 1997).

Uma vez que o hacking surgiu como uma nova forma de criminalidade com a invenção da Internet, os ciberutilizadores e os investigadores continuam a tentar, com dificuldade, desenvolver formas de minimizar os seus efeitos devastadores (Hafner & Markoff, 1995; Hutchison, 1997), e o problema surge do constante desenvolvimento das TI e das mudanças nos métodos e técnicas utilizados pelos hackers. Por esta razão, a literatura sobre segurança da informação é ainda escassa e incapaz de abordar adequadamente as diferentes componentes do cibercrime, bem como os traços comportamentais daqueles que o perpetram (Kamow, 1994).

A existência de ciberataques perpetrados por hackers impôs a criação da garantia da informação ou cibersegurança como um novo domínio de estudo. Esta área de estudo surgiu das ciências informáticas há algumas décadas, o que explica o facto de os investigadores estarem a compilar vigorosamente um vasto repertório de literatura suscetível de explicar o problema das ciberameaças (Hutchison, 1997). Por esta razão, para explicar o cibercrime, são emprestadas e alargadas teorias de outras disciplinas, como a psicologia, a criminologia, a sociologia, o direito, a informática, a gestão das TI, a gestão de conflitos e outras.

Esta metodologia eclética de desenvolvimento da literatura é sensata, tendo em conta que o domínio da cibersegurança é vasto e que a construção de sistemas activos de ciberdefesa deve incluir as componentes tecnológicas e humanas das TI. Através deste método de desenvolvimento teórico, são identificados e analisados alguns novos temas. Alguns desses temas são a cultura de segurança proactiva, a avaliação dos controlos internos, a aplicação da política de segurança, os valores e crenças individuais e a formação em matéria de segurança.

É importante referir que o âmbito alargado do domínio da cibersegurança obrigou inevitavelmente os investigadores em matéria de cibersegurança a abordar a investigação de questões de cibersegurança a partir de ângulos específicos e isolados que ajudam a responder ao seu foco de investigação. A literatura disponível sugere que esta abordagem tem sido algo enviesada, uma vez que mais recursos são direcionados para as áreas técnicas e tecnológicas do tema (Bostromand & Heinen, 1977).

Embora seja importante expandir os conhecimentos técnicos em matéria de TI, concentrar-se apenas nos conhecimentos técnicos é problemático, uma vez que exclui o importante fator humano. Uma estratégia eficaz para resolver o problema das ciberameaças não deve concentrar-se apenas no aspeto técnico, mas incluir também as componentes humana e não técnica das TI, uma vez que a tecnologia é utilizada por pessoas.

Embora se tenha feito mais na vertente tecnológica, há cada vez mais literatura que se centra na incorporação das componentes do fator humano nas TI. O problema é que essa literatura considera essencialmente os utilizadores como indivíduos isolados na sua abordagem às ciberameaças. Embora seja encorajador ver um aumento da investigação sobre o fator humano na cibersegurança, o facto de se centrar apenas nos ciberutilizadores individuais é também limitador, uma vez que as acções individuais na Internet afectam milhões de outros utilizadores. Por conseguinte, é preferível adotar uma abordagem técnica, mas também psicossocial, para resolver o problema das ciberameaças (Mitchell

& Nault, 2003).

As teorias que se situam na intersecção da psicologia social e da tecnologia permitem uma análise muito mais abrangente do que poderá estar a acontecer com a cibercriminalidade. O domínio da psicologia social oferece pontos de vista complementares, com uma vasta literatura que explica como as acções de um indivíduo afectam fortemente ou são fortemente afectadas por outros. As normas sociais e muitas outras variáveis sociais influenciam as atitudes das pessoas relativamente à forma de abordar o risco. As influências normativas do grupo inspiram os seres humanos a agir de uma determinada forma e estas normas sociais afectam o comportamento humano de muitas maneiras.

Nolan, Schultz, Cialdini, Goldstein e Griskevicius (2008) apoiam esta posição afirmando que, numa situação em que as pessoas desejam conservar energia, dizer às pessoas de uma determinada povoação que os seus vizinhos estavam a poupar energia aumentou a conservação de energia mais do que utilizar estratégias de intervenção não sociais, como dizer-lhes que a conservação de energia era boa para o ambiente e que lhes pouparia algum dinheiro. Tomando o exemplo da indústria hoteleira, Goldstein, Cialdini e Griskevicius (2008) sublinharam que o simples facto de dizer aos hóspedes do hotel que a maioria dos visitantes opta por reutilizar as suas toalhas aumenta a taxa de reutilização das toalhas nos quartos de hotel numa percentagem significativa.

Os dois exemplos acima referidos apenas explicam o poder das estratégias de intervenção social na resolução de problemas. Nesta investigação, seria útil adotar uma abordagem psicossocial para lidar com o problema da cibercriminalidade, tendo em conta a natureza vasta da cibersegurança.

Uma abordagem eclética e abrangente das ciberameaças é o método utilizado nesta investigação para explicar a relação existente entre as atitudes dos ciberutilizadores em relação à segurança e a ocorrência de cibercrime. A análise das experiências dos utilizadores sobre as atitudes actuais em matéria de cibersegurança através de inquéritos é relevante para esta investigação, uma vez que as respostas dos participantes às perguntas do questionário de investigação produziriam resultados que ajudariam a conceber lições duradouras e a propor estratégias de intervenção abrangentes, urgentemente necessárias para combater a cibercriminalidade.

Sinopse de temas e teorias

A investigação sobre segurança da informação é um exercício académico fundamental porque ajuda a desenvolver as ferramentas, teorias e princípios que garantem a disponibilidade, integridade e confidencialidade dos dados. A partir da literatura existente, são desenvolvidos e analisados tópicos críticos relativos à segurança da informação. Alguns deles são questões relacionadas com a eficácia da segurança da informação (Kankanhalli, Teo, Tan, & Wei, 2003; Straub, 1990; Woon & Kankanhalli 2003), o planeamento da segurança da informação e a gestão do risco (Soo Hoo, 2000; Straub, 1990; Straub & Welke, 1998), o valor fiscal da segurança da informação (Cavusoglu, Mishra, & Raghunathan, 2004a, 2004b) e, finalmente, a conceção, o desenvolvimento e as melhores práticas necessárias no sector da segurança da informação (Doherty & Fulford, 2006; Siponen & Iivari, 2006).

Embora estes estudos desempenhem um papel importante e valioso na educação dos utilizadores sobre a importância da cibersegurança, é necessária mais investigação para responder adequadamente aos desafios diários e em evolução colocados pelos ciberataques (Siponen & Willison, 2007). As ameaças aos sistemas de informação provêm, na sua maioria, não só de hackers e criminosos organizados, mas também de utilizadores internos autorizados que, por alguma razão, não conseguem manter a segurança enquanto navegam na Internet. Estudar e compreender a relação que existe entre as atitudes dos ciberutilizadores em relação à segurança da Internet não é apenas uma função importante da segurança da informação, mas também uma função dos utilizadores que operam estes sistemas.

Uma vez que o objetivo desta investigação é analisar a relação existente entre as acções dos utilizadores e a ocorrência de cibercrime, o desenvolvimento da literatura centra-se na análise do papel da ciber-usabilidade no fenómeno do cibercrime, tanto do ponto de vista do utilizador como do hacker. Abordar a investigação e as teorias deste ponto de vista alarga a compreensão e desenvolve um corpo eclético de conhecimentos sobre o assunto.

Para desenvolver um corpo de conhecimentos eficaz em matéria de segurança da informação, devem ser considerados tanto os factores tecnológicos como os factores humanos da cibersegurança, uma vez que os computadores, pela sua natureza física, representam o funcionamento de um produto técnico que deve ser operado pelos utilizadores finais e afetado pelas suas atitudes e preconceitos (Mitchell & Nault, 2003).

Os ciberutilizadores podem também ser hackers cujo único objetivo é causar danos através da violação da segurança e do roubo de dados ou da prática de cibercrime. Os utilizadores do sistema podem também ser utilizadores autorizados que, de acordo com a literatura, constituem o que se designa por ameaça de fator interno ou ameaça de utilizador autorizado ou funcionários que estão aprovados para utilizar um determinado sistema (Neumann, 1999).

Uma corrente de investigação emergente sobre a perspetiva da atitude humana em relação à segurança da informação centra-se nas abordagens do utilizador final (interno) e tenta identificar os factores que ajudam ou destroem a conformidade com a segurança da informação. A literatura atual reconhece que os insiders, um termo que se refere a utilizadores autorizados a utilizar um determinado sistema (Neumann, 1999), podem representar um desafio para a rede de uma organização porque a sua ignorância, erros e actos deliberados podem pôr em risco a segurança da informação (Durgin 2007; Lee & Lee, 2002; Lee, Lee, & Yoo, 2004).

Relatórios de inquéritos recentes sobre o assunto apoiam o argumento, bem como um inquérito do FBI que mostra que 64% dos inquiridos indicaram que algumas das perdas relacionadas com a cibersegurança em que incorreram se devem às acções de pessoas com acesso interno (Gordon, Loeb, Lucyshyn, & Richardson, 2006).

As atitudes dos ciberutilizadores são, por conseguinte, um fator importante na formação da cultura de cibersegurança em ambientes empresariais. Embora os utilizadores sejam considerados o elo mais fraco da cadeia de segurança, a literatura também reconhece que os utilizadores podem ajudar a salvaguardar a informação e os recursos tecnológicos se prestarem atenção à segurança e praticarem actos benéficos. Para incentivar e permitir uma segurança eficaz na Internet, os indivíduos e as organizações desenvolvem frequentemente políticas de segurança que orientam o funcionamento e permitem a proteção cibernética. Infelizmente, essas diretrizes não protegem automaticamente as redes, uma vez que os utilizadores autorizados do sistema não as cumprem necessariamente (Stanton, Stam, Mastrangelo, & Jolton, 2005). O desafio, portanto, é identificar o que determina a conformidade dos utilizadores com as políticas de segurança e expandir o desenvolvimento da teoria e da literatura para incluir esses aspectos.

Temas emergentes da literatura

Quando se examina cuidadosamente a investigação existente sobre ciberameaças, identificam-se temas recorrentes. Estes temas, embora não sejam exaustivos em si mesmos, são recorrentes porque tocam em áreas que têm de ser desenvolvidas para resolver eficazmente o problema da cibercriminalidade. Estes temas criam um quadro mental de procura de soluções e identificam áreas que têm de ser abordadas para resolver os problemas das ciberameaças. Estes temas são a cultura de segurança proactiva persuasiva, a avaliação do controlo interno, a aplicação da política de segurança, os valores e crenças individuais e a formação em matéria de segurança. A análise destes temas indica o seu papel na clarificação do tipo de relação que existe entre as atitudes dos ciberutilizadores em relação à segurança da Internet, criando também espaço para novas investigações para abordar a questão.

Cultura de segurança proactiva. A literatura sobre segurança da informação identifica o desenvolvimento de uma cultura de segurança dinâmica como um aspeto importante da governação da segurança. Ao implementar uma cultura de segurança pró-ativa num ambiente cibernético, a integridade, a disponibilidade e a confidencialidade dos dados são mantidas, criando assim confiança e estabilidade nas empresas, uma vez que todas as partes interessadas têm a certeza de que os dados que estão a utilizar não estão contaminados (Dhillon & Backhouse, 2000; Dhillon & Torkzadeh, 2006; Thomson & von Solms, 2005; Vroom & von Solms, 2004).

Avaliação do controlo interno. A literatura sobre segurança da informação mostra claramente que a avaliação do controlo interno é encorajada, pois ajuda a manter uma governação eficaz da segurança (Warkentin & Johnston, 2006; Whitman, 2003). Em ambientes empresariais ou organizacionais, os controlos internos, tais como boas práticas, procedimentos, políticas e estruturas de responsabilidade, ajudam a garantir a gestão eficiente do risco para a proteção dos activos de dados (Dhillon, 2001).

Os controlos internos são necessários num contexto organizacional porque ajudam a monitorizar o controlo das alterações e a manter o sistema seguro para efeitos de auditoria.

São implementados pela administração para monitorizar todos os aspectos do sistema, como a proteção por palavra-passe, a monitorização do controlo de acesso e muito mais (Flowerday, & von Solms, 2005; Posthumus & von Solms, 2004; Rezmierski, Seese, & St. Clair, 2002). As práticas de controlo interno são também encorajadas nas redes privadas, uma vez que dão ao utilizador o mandato de se sentir responsável pela segurança da sua rede.

Implementação da política de segurança. A política de segurança é o que orienta a operação segura num ambiente (Ward & Smith, 2002). Políticas de segurança claras e concisas são importantes, pois evitam alterações desnecessárias que podem afetar negativamente o ambiente (Campbell, Al-Muhtadi, Naldurg, Sampemane, & Mickunas, 2003). Quando criadas, estas políticas devem ser claramente comunicadas aos utilizadores, monitorizadas periodicamente e actualizadas sempre que necessário. A responsabilidade e a responsabilização dos utilizadores na manutenção das políticas de segurança são cruciais para a sua eficácia, uma vez que as políticas não implementadas são inúteis.

Valores e crenças individuais. A segurança adequada de um ambiente só é alcançada se os utilizadores cooperarem com as configurações e políticas de segurança. Esta cooperação é impulsionada pelos valores e crenças dos utilizadores (Magklaras & Fumell, 2005; McHugh & Deek, 2005). Quando as configurações e políticas de segurança tiverem sido implementadas e testadas com êxito, o controlo normativo é o que mantém o ambiente continuamente seguro à medida que os utilizadores se ocupam das suas actividades (Adams & Sasse, 1999; Schultz, 2002).

Por controlos normativos entende-se aqui a avaliação contínua dos valores, crenças e atitudes dos utilizadores no que diz respeito à segurança (Stanton et al., 2005). Estes controlos normativos podem ser efectuados pela administração em situações organizacionais ou por utilizadores individuais em situações de redes privadas.

Formação em segurança. Nunca é demais sublinhar a importância da formação na aprendizagem, pois é na formação que as pessoas aprendem e se familiarizam com coisas novas. A formação em segurança é, portanto, importante, pois é o que ensina aos utilizadores, não só a importância da cibersegurança, mas também como ativar e manter a segurança na Internet. A formação erradica a ignorância, que é desastrosa para qualquer ambiente seguro (Bottom, 2000; Orgill, Romney, Bailey, & Orgill, 2004; Whitman, 2003).

A formação em segurança é mencionada pela maioria dos investigadores em cibersegurança como um pré-requisito importante para a governação da segurança em qualquer ambiente. Não só ajuda a utilizar melhor a infraestrutura global de segurança, como também conduz a uma melhor gestão dos controlos e políticas de segurança interna que são postos em prática (Adams & Sasse, 1991; Segev, Porra, & Roldan, 1998). Por conseguinte, a formação contínua em matéria de segurança é incentivada, uma vez que ajuda a criar uma cultura de segurança necessária para o bom funcionamento das operações.

Os temas acima referidos são indicadores importantes de áreas que necessitam de uma atenção especial na tentativa de resolver o problema da cibersegurança. Para progredir nesta procura de compreensão do tipo de relação existente entre as atitudes dos utilizadores e a cibersegurança e, ao fazê-lo, demonstrar também como os ciberutilizadores podem tornar-se melhores administradores da segurança, são identificados alguns dos quadros teóricos que têm sido utilizados para examinar as atitudes humanas em algumas disciplinas e que, mais adiante no capítulo, são examinados para ver a sua relevância na análise do problema de investigação.

Embora nenhuma teoria possa explicar adequadamente todas as componentes relacionadas com o problema da cibersegurança, algumas das que a seguir se analisam foram anteriormente utilizadas com êxito pelos investigadores para explicar adequadamente o que determina as atitudes dos utilizadores em relação à segurança na Internet e o que leva os utilizadores a seguir ou não as políticas de segurança (Herath & Rao, 2009). Estas teorias e modelos são a teoria da aprendizagem social, as teorias gerais da dissuasão e da escolha racional, o modelo de aceitação da tecnologia e a teoria dos sistemas sociotécnicos.

Pré-visualização das principais secções deste capítulo

Nesta secção, o problema de investigação foi reafirmado e a literatura relevante para o estudo foi revista. Para tal, foram analisadas as teorias e os temas que têm relevância direta para explicar o tipo de relação existente entre as variáveis do estudo. Foram também discutidas as estratégias de pesquisa bibliográfica utilizadas no estudo e explicados os fundamentos teóricos de cada teoria utilizada. Por fim, procedeu-se à revisão da literatura relacionada com as variáveis-chave.

Estratégia de pesquisa bibliográfica utilizada no estudo

A partilha de informações e a investigação é uma tarefa importante, mas por vezes complexa e desafiante no meio académico, que envolve não só a leitura e a citação de material relevante de fontes primárias e secundárias, mas também, e sobretudo, a capacidade de navegar nas bases de dados das bibliotecas e nos motores de busca para localizar a informação certa para o tópico em questão. Este projeto de dissertação não foi diferente.

A principal fonte de literatura veio de fontes primárias e secundárias localizadas na Biblioteca da Universidade Nova Southeastern e em outras bibliotecas da área de

Washington, DC. Uma vez que o estudo se centrava na análise do tipo de relação existente entre as atitudes dos estudantes universitários da área metropolitana de Washington em relação à utilização da Internet e à segurança, a estratégia de pesquisa bibliográfica consistiu em trabalhar com o pessoal da biblioteca da escola acima referida e consultar as suas bases de dados com uma ou mais palavras-chave sugeridas, como segurança informática, utilização de sistemas informáticos, hackers, pirataria informática, segurança da informação, ciberameaça, segurança da Internet, cibercrime, cibersegurança, atitude dos utilizadores da Internet e muito mais. O material foi também obtido em jornais da especialidade e no Google Scholar.

Dado que o aumento das ciberameaças e da cibercriminalidade nas últimas décadas tornou necessária a criação da cibersegurança e da garantia da informação como área de estudo académica, a maior parte da sua literatura concentra-se nas últimas décadas, especialmente nos anos 90. Por conseguinte, o âmbito da investigação foi restringido aos últimos dez anos e, em casos críticos, foi alargado para clarificar a situação sempre que necessário.

O enfoque neste período de tempo, bem como a ligeira extensão, justifica-se pelo facto de, a partir da década de 1990, a Internet se ter expandido das instituições militares, académicas e de investigação, do governo e das grandes empresas para os agregados familiares. Esta expansão, juntamente com o advento da guerra contra o terrorismo, assistiu a um aumento da atividade de pirataria informática e da ameaça cibernética, o que levou os investigadores a publicarem cada vez mais sobre o assunto e, ao fazê-lo, a recorrerem também às teorias psicossociais tradicionais para explicar a atitude humana em relação à utilização da Internet.

Isto explica porque é que algumas das análises foram informadas por teorias tradicionais que cruzam a psicologia social, a criminologia e a tecnologia da informação. Nalgumas partes do estudo, materiais como artigos alargariam o período de tempo. Estes casos são justificados pelo facto de esses artigos terem sido considerados muito informativos e relevantes na explicação e análise do conceito para facilitar a compreensão e a clareza, e também porque, embora alguns deles tenham sido publicados há mais de uma década, foram revistos e editados para serem relevantes na análise de acontecimentos recentes.

Um exemplo deste caso seria a teoria do comportamento planeado (Ajzen, 1991), que explica os comportamentos e as suas relações com o crime, bem como a teoria da transição espacial que explica e prevê as acções dos criminosos e analisa os padrões de comportamento das infracções cometidas no ciberespaço. Embora estas e outras possam alargar o âmbito da literatura, são muito relevantes e necessárias para explicar a questão em análise nesta investigação, justificando assim a sua utilização.

É importante salientar o facto de os ciberataques não acontecerem por magia, mas sim como resultado de alguma forma de atividade humana no computador. Por conseguinte, o fator humano deve ser tido em consideração. Isto faz com que seja impossível analisar e compreender verdadeiramente os ciberataques utilizando apenas a tecnologia.

Por conseguinte, para analisar a cibersegurança, é necessário incluir teorias de outros domínios, como a psicologia, a sociologia, o direito, a criminologia, a gestão e outros, para explicar um fenómeno como a cibercriminalidade, uma vez que esta é causada por pessoas que utilizam o computador para fins errados. É por isso que a utilização de um método abrangente para descrever a cibercriminalidade é adequada e implica o recurso a campos que já existiam muito antes da invenção do computador.

Teorias e suas aplicações à segurança

A revisão da literatura tem sido sempre uma parte importante da investigação e é fundamental, uma vez que dá aos investigadores a oportunidade de fazer uma avaliação aprofundada da literatura existente na área em questão para desenvolver teorias e modelos que ajudem a explicar a questão de investigação. Segundo Kerlinger (1979), uma teoria é "um conjunto de variáveis, definições e proposições inter-relacionadas que apresentam uma visão sistemática dos fenómenos através da especificação das relações entre variáveis, com o objetivo de explicar os fenómenos naturais" (p. 64). A explicação de Creswell (2003) sobre a teoria é semelhante. As teorias são relevantes para todos os campos de estudo, uma vez que ajudam a explicar as caraterísticas e os comportamentos de determinados fenómenos e também ajudam os investigadores a desenvolver modelos e hipóteses utilizados para testar a validade das suas proposições (Pidd, 2003).

Nesta secção, são analisadas fontes primárias e secundárias, artigos académicos e outras fontes, como dissertações e actas de conferências, que sejam relevantes para o tema da investigação. Ao fazê-lo, é apresentada uma descrição de cada teoria relevante, bem como uma avaliação crítica do seu significado para a investigação.

Além disso, são avaliadas as contribuições de académicos anteriores sobre o tema e, ao fazê-lo, é identificada a informação relevante, é delineado o conhecimento existente e são identificadas quaisquer lacunas na investigação, dando assim a oportunidade de fazer as críticas necessárias ao desenvolvimento da teoria.

Teoria da aprendizagem social e cibersegurança

A teoria da aprendizagem social de Ronald Akers (2000) é uma das principais teorias que ajuda a explicar o comportamento desviante e o crime. De acordo com Akers, o comportamento desviante e o crime ocorrem porque as pessoas aprendem um excesso de atitudes e comportamentos que favorecem a violação da lei. No centro da teoria está o conceito de interação e aprendizagem em grupo, que actua como uma influência impercetível no comportamento de uma pessoa. A ideia de atribuir o comportamento desviante e o crime à aprendizagem social não é exclusiva de Akers. Outros teóricos postularam esta ideia para apoiar os seus argumentos, tal como o próprio Akers defende:

A teoria da aprendizagem social acrescentou conceitos utilizados na teoria da aprendizagem comportamental, reforço diferencial, segundo os quais o "comportamento operante" (as acções voluntárias do indivíduo) é condicionado ou moldado por recompensas e castigos. Contêm também o condicionamento clássico ou "respondente" (o condicionamento do comportamento reflexo involuntário); estímulos discriminativos (os estímulos ambientais e internos que fornecem pistas para o comportamento), e o calendário de reforços (a taxa e o rácio) em que as recompensas e os castigos seguem as respostas comportamentais. (Akers, 2000, p. 75)

Fundamental para a teoria da aprendizagem social de Akers é a Teoria da Associação Diferencial de Edwin Sutherland (1947), que defende que o comportamento desviante é aprendido através da modelação ou imitação e reforço de grupos familiares, como a família e os amigos. Toda a ênfase da relação é central para a teoria de Sutherland porque, segundo ele, quando as pessoas se habituam a outras através da interação, são criados laços íntimos que levam a uma influência do comportamento. Por exemplo, se uma pessoa se junta a um grupo de indivíduos que se dedicam ao hacking, essa pessoa começa a aprender as técnicas de hacking, acabando por se transformar num hacker. O mesmo acontece com um empregado que desenvolve gradualmente uma atitude de indiferença em relação à segurança ao juntar-se a uma empresa cujos empregados violam a segurança ao não protegerem as suas palavras-passe e ao abrirem ligações não reconhecidas (Akers, 2000). De acordo com Akers, o comportamento anormal e a delinquência são aprendidos devido a um excesso de definições favoráveis à violação das leis (Akers, 2000).

A teoria da aprendizagem social de Akers, tal como a teoria da associação diferencial de Sutherlands, examina os factores que contribuem para o comportamento criminoso sob o mesmo prisma (Blackbum, 1993; Gattiker & Kelly, 1977; Hollin, 1989). A maioria dos sociólogos argumenta que a teoria da associação diferencial fornece a melhor formulação e explicação convencional da criminalidade, porque a teoria afirma que as pessoas aprendem o comportamento desviante da mesma forma que aprendem outras formas de comportamento, com a interação e a comunicação a desempenharem um papel integral.

De acordo com a associação diferencial, quando as pessoas interagem com criminosos, começam gradualmente a aprender os motivos, impulsos, racionalizações e atitudes subjacentes que alimentam a criminalização (Sutherland, 1947).

Nas palavras de Sutherland, a teoria da associação diferencial leva a sociedade moderna a ser inerentemente construída por ideias contraditórias do que é considerado comportamento normal, e estas camadas contraditórias de ação contradizem-se umas às outras e geram conflito ou crime (Blackbum, 1993; Feldman, 1993; Gattiker & Kelly, 1997; Hollin, 1989; Sutherland, 1947). No meio destas forças conflituosas e contraditórias está a comunicação, que se apresenta sob a forma de pressão dos pares. Esta pressão dos pares influencia o comportamento e leva um indivíduo a cometer um crime, especialmente se os seus pares expressam ideias que são favoráveis ou simpatizantes do crime.

É importante referir que, como todas as teorias, a teoria da aprendizagem social e todas as teorias que propagam a aprendizagem e a interação como determinantes do comportamento têm as suas limitações. Ao explicarem e associarem a causa do comportamento desviante à interação e à aprendizagem com os outros, não conseguem explicar as origens das definições criminais. Trata-se de uma omissão crítica porque não dá às pessoas pistas sobre aquilo em que se estão a meter mesmo antes de decidirem juntar-se a um grupo, para mais tarde descobrirem a má influência que o grupo teve sobre elas.

Além disso, embora a pressão dos pares, a interação e a influência desempenhem papéis importantes no argumento da teoria da aprendizagem social, nem todas as formas de actos criminosos podem ser associadas apenas à pressão dos pares, uma vez que existem muitos factores de motivação. A cibercriminalidade é, em muitos aspectos, uma forma única de comportamento criminoso que, por vezes, implica configurações e operações técnicas intensas que exigem mais do que a pressão dos pares, a comunicação e a interação para serem levadas a cabo. Alguns dos ciberataques são altamente sofisticados e requerem uma formação especial em engenharia, ciências informáticas, redes e tecnologias da informação para desenvolver a capacidade de os levar a cabo. Isto explica porque é que os governos e as instituições militares têm agora departamentos de ciberdefesa que se concentram no desenvolvimento da capacidade de realizar testes de penetração, exercícios de hacking ético e formação em engenharia de ciberdefesa ou ciberofensiva que ajudam a proteger os seus sistemas e também a passar à ofensiva se forem atacados.

É importante indicar que, embora a teoria da aprendizagem social explique, até certo ponto, o comportamento criminoso, pode igualmente ser utilizada para prevenir comportamentos desviantes se for interpretada de forma oposta. Este argumento é apoiado por Siegel (2006) quando afirma que

Se as pessoas podem tornar-se criminosas ao aprenderem definições e atitudes em relação à criminalidade, então podem "desaprendê-las" ao serem expostas a descrições de comportamentos típicos. Hoje em dia, é comum que os programas residenciais e não residenciais ofereçam programas de tratamento que ensinam os delinquentes sobre a nocividade das drogas, a natureza destrutiva do comportamento delinquente e a importância de permanecer na escola (p. 242).

O sistema de justiça penal também pode utilizar os princípios da aprendizagem social para criar programas de desvio que ajudem a retirar os criminosos dos canais do sistema de justiça penal para programas de reabilitação que adoptem a aprendizagem através da interação para ensinar os delinquentes a mudar, associando-os a bons mentores (Siegel, 2006).

Seguindo os princípios da teoria da aprendizagem social, poderia ser desenvolvida uma campanha de sensibilização para reduzir o risco cibernético, utilizando os princípios da teoria da aprendizagem social para permitir que os ciberutilizadores identifiquem e se associem a pares reconhecíveis que tenham conhecimentos sobre práticas de segurança informática e aprendam imitando as suas práticas de segurança.

Teorias da dissuasão geral e da escolha racional da cibersegurança

A teoria geral da dissuasão é emprestada da criminologia para explicar as acções dissuasivas dos cibercriminosos (Parker, 1998; Straub & Welke, 1998; Theoharidou, Kokolakis, Karyda, & Kiountouzis, 2005). A teoria da dissuasão implica uma prática em que os indivíduos são dissuadidos de se envolverem num comportamento criminoso devido às sanções legais ou às repercussões que lhe estão associadas.

A teoria geral da dissuasão, tal como a teoria da escolha racional, parte do princípio de que a ação humana é conduzida por decisões acertadas que são informadas pela probabilidade de consequências graves (Gibbs, 1975). O cálculo racional é que a punição legal perturba a propensão para cometer um crime e, neste caso, a cibercriminalidade.

A teoria da dissuasão e a teoria da escolha racional influenciam-se mutuamente, uma vez que ambas utilizam princípios práticos para promover uma ação fundamentada. Uma vez que os seres humanos são racionais, fazem uma análise custo-benefício antes de tomarem decisões. Este cálculo de fins e meios ajuda as pessoas a fazerem escolhas que são orientadas pela maximização dos prazeres de cada um. Em situações em que a dissuasão está presente, a escolha ajuda o indivíduo a refletir sobre a dor ou o castigo potenciais que podem ser aplicados em caso de violação da política (Parker, 1998). Numa situação de violação cibernética, a pessoa pensaria na pena associada ao crime e faria uma análise de custos e benefícios antes de decidir evitar o ato.

O princípio fundamental que sustenta a teoria da dissuasão é, portanto, a rapidez, a severidade e a certeza da punição associada à violação da lei (Felson, 1994; Liska, 1987; Messner & Rosenfeld, 1994; Pfohl, 1994; Pfuhl & Henry, 1993; Siegel, 1992).

De acordo com a teoria geral da dissuasão, as acções de dissuasão são corretas, quer a nível individual, quer a nível organizacional, como medida restritiva de um crime. Em contextos empresariais, a dissuasão ajuda a limitar ou a evitar que os empregados violem a política, pois têm medo das consequências que lhes podem ser impostas. Se essa dissuasão estiver relacionada com a manutenção da segurança na Web, os utilizadores - com medo das repercussões de uma violação - adeririam e, ao fazê-lo, ajudariam a manter o sistema seguro.

A dissuasão também pode afetar muito não só o comportamento dos membros internos de uma organização, mas também o comportamento de infractores externos que podem estar dispostos a cometer um crime, mas que têm medo do castigo que espera os infractores se forem apanhados. Embora se possa argumentar que algumas pessoas evitam cometer um crime por medo de serem castigadas, é difícil de provar, uma vez que ninguém sabe o que se passa na mente de alguém na altura em que toma a decisão de se conter. Situações como a fuga de informações confidenciais de Edward Snowden indicam que, apesar das leis criadas para punir os criminosos, a dissuasão nem sempre impede a cibercriminalidade, embora a sua situação única deva ser considerada uma exceção.

Modelo de aceitação da tecnologia e cibersegurança

O Modelo de Aceitação de Tecnologia (TAM) é uma teoria dos sistemas de informação que explica o que motiva os utilizadores a aceitar e utilizar a tecnologia. De acordo com este modelo, as ferramentas de TI não podem proporcionar uma maior eficácia organizacional se os utilizadores não as aceitarem e utilizarem eficazmente. O modelo de aceitação da tecnologia foi originalmente proposto por Davis em 1986 e ganhou respeito no meio académico devido ao seu papel na explicação dos motivos que levam as pessoas a utilizar a tecnologia. Outra razão pela qual esta teoria é reconhecida é o seu papel na previsão do que leva as pessoas a adotar a utilização da tecnologia (Legris, Ingham, & Collerette, 2003).

O modelo de aceitação da tecnologia expande a teoria da ação fundamentada de Ajzen e Fishbein (1980) e afirma que a aceitação ou não aceitação de um indivíduo para utilizar a tecnologia é determinada pela perceção da utilidade e da facilidade de utilização da tecnologia em questão (Davis, 1989). Este entendimento realça o facto de que, para um indivíduo utilizar a tecnologia, deve não só saber como utilizar a ferramenta tecnológica, mas também reconhecer a importância e a utilidade dessa peça de tecnologia para servir a necessidade pretendida. Se um ou ambos os pontos não estiverem presentes, o indivíduo não se sentirá à vontade para utilizar a tecnologia. A presença dos dois pontos acima referidos cria confiança e assegura a disponibilidade, confidencialidade e integridade dos dados, especialmente quando se trata de informações pessoais identificáveis e financeiras.

Em consonância com o modelo de aceitação da tecnologia, a teoria da ação racional de Fishbein e Ajzen afirma que a intenção de uma pessoa se comportar de uma determinada forma numa determinada circunstância depende da sua atitude, bem como das suas normas subjectivas. As normas subjectivas designam aqui "a perceção da pessoa de que a maioria das pessoas que lhe são importantes pensam que ela deve ou não deve realizar o comportamento em questão" (Fishbein & Azjen, 1975, p. 302). A norma subjectiva é um determinante importante do comportamento intencional, porque uma pessoa pode optar por realizar uma determinada ação, embora saiba que não é favorável (Venkatesh & Davis, 2000).

Para explicar adequadamente o que motiva um indivíduo a utilizar uma determinada tecnologia, é possível distinguir quatro categorias. Estas categorias são o contexto individual, o contexto do sistema, o contexto social e o contexto organizacional. O contexto social centra-se nas influências sociais que permitem aceitar ou não aceitar a utilização da tecnologia. O contexto empresarial centra-se no que uma organização pode fazer para motivar os seus empregados a adotar e utilizar os sistemas de TI de forma segura. Thong, Hong e Tam (2002) acreditavam no impacto do contexto organizacional e alargaram-no de modo a incluir a visibilidade do sistema e a acessibilidade da rede como um dos factores que motivam os utilizadores a aceitar e a utilizar a tecnologia de forma segura numa organização.

De acordo com o modelo de aceitação da tecnologia, o contexto desempenha um papel significativo na determinação da ação a tomar, uma vez que a diferença na capacidade da atitude em relação à norma subjectiva para prever a intenção de uma pessoa se comportar de uma determinada forma depende do contexto. Por exemplo, se uma pessoa se encontrar numa situação em que a auto-influência é mais forte do que a norma subjectiva percebida, então a atitude será a que mais prevê a intenção de comportamento. Ao mesmo tempo, se estivermos numa posição em que a implicação normativa é o determinante dominante do comportamento, então a norma subjectiva será o principal preditor da intenção de comportamento. Se um utilizador for um novato em tecnologia, a norma subjectiva será provavelmente o determinante mais importante do seu comportamento de utilização da tecnologia (Taylor & Todd, 1995).

Muitos estudos indicam a utilização da teoria da ação fundamentada para prever a intenção comportamental das pessoas de utilizar a tecnologia (Bobbitt & Dabholkar,

2001; Davis, Bagozzi, & Warshaw, 1989; Sheppard, Hartwick, & Warshaw, 1998; Venkatesh, Morris, Davis, & Davis, 2003; Yoh, Damhorst, Sapp, & Laczniak, 2003). No entanto, existe o problema dos resultados contraditórios relacionados com a relação de confusão entre a norma subjectiva e a atitude e o pressuposto de que a intenção leva à ação, o que justifica a necessidade de mais investigação e investigação, necessitando assim de uma contribuição do modelo de aceitação da tecnologia de Davis (1989).

Embora a teoria explique as motivações e atitudes de comportamento para utilizar ou não utilizar a tecnologia de forma segura, não reconhece o facto de que a ignorância também desempenha um papel importante na incapacidade dos utilizadores para utilizarem a tecnologia de forma segura, como se pode ver nas vítimas de ataques de engenharia social. O modelo também não indica que os cibercriminosos ou hackers não se preocupam com a motivação para utilizar ou não utilizar a tecnologia, mas sim com os benefícios que a sua atividade ilegal lhes trará. A teoria também não indica o fator ganância como motivação para o comportamento criminoso na Internet.

Outra questão é o facto de não existir uma medida absoluta da facilidade de utilização ou da utilidade de uma determinada ação, bem como o facto de as percepções dos utilizadores sobre estes construtos poderem variar com o tempo e a experiência de uma determinada aplicação. Apesar destas limitações, a teoria expande os argumentos da usabilidade da cibersegurança através das suas ideias e pode ser utilizada para propagar a importância da formação em cibersegurança, uma vez que a perceção da facilidade de utilização é identificada como um dos factores que podem impedir um utilizador de utilizar efetivamente a tecnologia.

Teoria dos Sistemas Sócio-Técnicos e Cibersegurança
A teoria dos sistemas sociotécnicos foi criada em 1960 por Fred Emery e Eric Trist. Este

método foi inventado porque as empresas em meados do século XX não estavam a atingir níveis elevados de produtividade em comparação com o grau de fluxo de investimento em sistemas tecnológicos. Para resolver esta questão, argumentou-se que as organizações ganhariam mais se fossem tratadas como sistemas sociotécnicos em que os sistemas técnicos e sociais trabalham em conjunto para produzir uma produtividade elevada (Schneberger & Wade, 2008, como citado em Gupta & Sharman, 2008).

A teoria dos sistemas sociotécnicos é uma abordagem perfeita que deve ser utilizada para explicar as complexas operações organizacionais actuais. De acordo com esta teoria, as organizações são compostas por sistemas sociais e sistemas técnicos que, embora independentes uns dos outros, trabalham em conjunto de forma interactiva para produzir os resultados produtivos desejados e necessários numa organização. A componente de sistema social da teoria centra-se nas pessoas e nos processos programáticos, enquanto a componente de sistema técnico se centra nos métodos técnicos utilizados para transformar o input em output (Bostromand & Heinen, 1977).

A teoria dos sistemas sociotécnicos de Emery e Trist (1960) é importante nos quadros organizacionais devido ao aumento constante e à dependência da tecnologia para a realização de negócios eficientes. Para que os ciberutilizadores e as empresas melhorem os seus investimentos em segurança, é necessária uma abordagem holística da segurança que optimize e utilize a inter-relação intrínseca das componentes sociais e técnicas da prestação de serviços às empresas para uma melhor produtividade (Mitchell & Nault, 2003).

Por conseguinte, a utilização eficaz do ciberespaço exige que os ciberutilizadores não só aprendam e utilizem as ferramentas tecnológicas necessárias para uma prestação de serviços eficiente, mas também adoptem uma ética empresarial positiva e uma atitude de proteção necessária para derrotar os hackers e as suas tácticas de engenharia social.

O estudo de Fontes e Balioni (2007), num esforço para promover a entrega segura e eficiente de sistemas de TI, indica a relevância da teoria dos sistemas sociotécnicos na segurança da informação, argumentando que os profissionais de segurança da informação devem deixar de perceber os sistemas de segurança da informação a partir de uma perspetiva mais técnica e alargar a sua perceção para abranger os aspectos humanos e sociais, de modo a colher os benefícios da entrega segura e colaborativa de negócios.

Na mesma perspetiva, Chaula (2006) defende que, para produzir um processo de entrega comercial equilibrado e seguro, as organizações e os utilizadores devem investir e utilizar tanto os aspectos técnicos como os sociais da entrega de sistemas.

A teoria dos sistemas de Von Bertalanffy (1968), que foi introduzida nos anos 40, lançou efetivamente as bases sobre as quais a teoria dos sistemas sociotécnicos de Emery e Trist pôde prosperar. A sua abordagem de sistema baseia-se no conceito de um organismo que tem muitas partes e trabalha em conjunto para completar uma tarefa e alcançar um estado de equilíbrio (von Bertalanffy, 1968). Segundo von Bertalanffy, este sistema tem um único objetivo e é orientado mecanicamente e avaliado em termos de matemática, feedback e tecnologia.

Hammond (2010) não só expandiu o conceito da teoria dos sistemas de von Bertalanffy, como também o relacionou com uma organização, afirmando que todos os componentes de uma organização, tal como um sistema, devem funcionar corretamente em conjunto para atingir o objetivo comercial da organização. Esta analogia de um sistema indica que, para que uma organização funcione corretamente de forma a minimizar as ameaças à segurança, é necessário que todos os seus elementos funcionem de forma colaborativa.

Inspirando-se na teoria dos sistemas sociotécnicos, os ciberutilizadores devem desenvolver uma afinidade afirmativa para aprender e utilizar a tecnologia de forma eficiente e segura para a segurança e a realização eficiente das suas actividades. Esta atitude ajuda os ciberutilizadores a identificar e a desmantelar os truques de engenharia social antes de serem utilizados.

Embora reconheça a utilidade da teoria dos sistemas sociotécnicos como um modelo quase perfeito para a utilização e o fornecimento eficientes de redes, infelizmente, não reconhece nem discute a presença e o impacto devastador daqueles cujo único objetivo é aceder às redes para roubar e destruir dados. Esta omissão parece perigosa e ingénua pela simples razão de que, embora as operações do sistema possam trabalhar em colaboração, não estão automaticamente protegidas das ameaças diárias. Por conseguinte, devem ser utilizadas técnicas de monitorização contínua e incorporadas novas técnicas de defesa para permitir que os sistemas funcionem como previsto.

Para concluir, é importante indicar que a teoria dos sistemas sociotécnicos, tal como qualquer outra teoria, tem as suas vantagens e desvantagens, uma vez que nenhuma abordagem única pode analisar todos os aspectos de um assunto.

Resumo das teorias e sua aplicação à segurança

As teorias acima descritas explicam as relações existentes entre as atitudes de ciberutilização e a segurança a partir de perspectivas únicas. Estas perspectivas lançam luz sobre um tema muito vasto e, através das suas limitações, também desafiam os investigadores a continuarem a explorar mais formas de explicar a cibersegurança. O objetivo deve ser uma construção integradora e abrangente para analisar a cibersegurança, em vez de se assumir um padrão de cibersegurança estritamente interpretado.

Esta construção integrativa é importante porque utiliza perspectivas adequadas de uma variedade de teorias para explicar eficazmente a segurança e, ao mesmo tempo, coloca cada perspetiva no seu contexto adequado. Com esta abordagem, um investigador que se dedique à cibercriminalidade começaria a sua análise reconhecendo primeiro todas as variáveis envolvidas e, em seguida, faria referência às teorias existentes para explicar a situação em causa. Isto é importante porque algumas teorias da cibersegurança abordam a sua análise da segurança da informação centrando-se em abordagens de um único fator que limitam significativamente a sua capacidade de analisar eficazmente e de forma mais ampla o incidente em questão.

Revisão da literatura relacionada com as variáveis e os conceitos-chave

A cibersegurança e o cibercrime têm paralelismos nesta investigação, não só devido à natureza ampla e interligada do tema de investigação, mas também devido às subtilezas que unem ambos os conceitos. Isto explica por que razão a Resolução sobre Cibersegurança da Assembleia Geral das Nações Unidas de 2010 se centrou no cibercrime como um desafio fundamental da cibersegurança (Resolução 64/211, 2009). A cibercriminalidade é um domínio da cibersegurança.

Embora utilizados indistintamente, ambos os termos são definidos e analisados para realçar a sua utilização e relevância no estudo. O objetivo é examinar as atitudes em relação à utilização e à segurança cibernéticas para compreender as ligações que as unem e que permitem a ocorrência de crimes cibernéticos. A cibersegurança é, portanto, uma variável significativa no estudo, que é testada pelas atitudes de utilização dos ciberutilizadores.

Segurança da informação. A segurança da informação é o termo mais abrangente quando comparado com o cibercrime, uma vez que se refere à proteção da informação e dos sistemas que armazenam e transmitem essa informação (Whitman & Mattord, 2011). Os três principais atributos da segurança da informação são a confidencialidade, a integridade e a disponibilidade (Smith, 1989, citado em Rhee et al., 2009).

A prática da segurança da informação refere-se, pois, ao comportamento de gestão dos riscos de segurança da informação que incorpora a aceitação e a implementação da tecnologia de segurança da informação e o desenvolvimento de uma atitude de segurança consciente na utilização do ciberespaço. Aceitar e implementar a segurança da informação refere-se aqui à utilização de software de segurança da informação e das suas caraterísticas, como o software antivírus, enquanto o desenvolvimento de uma atitude de segurança se refere à cultura de conformidade com a segurança na utilização de ferramentas de TI, demonstrada através da utilização e implementação de coisas como palavras-passe fortes e a realização frequente de cópias de segurança dos dados para efeitos de replicação e disponibilidade (Rhee et al., 2009). Uma definição abrangente seria, por conseguinte, a seguinte:

A cibersegurança é o conjunto de ferramentas, políticas, conceitos de segurança, salvaguardas de segurança, orientações, abordagens de gestão do risco, acções, formação, melhores práticas, garantias e tecnologias que podem ser utilizadas para proteger o ciberambiente e os activos da organização e do utilizador. Os activos da organização e do utilizador incluem dispositivos informáticos ligados, pessoal, infra-estruturas, aplicações, serviços, sistemas de telecomunicações e a totalidade da informação transmitida e armazenada no ciberambiente. A cibersegurança procura garantir a obtenção e a manutenção das propriedades de segurança dos activos da organização e do utilizador contra os riscos de segurança associados no ciberambiente. Os objectivos gerais de segurança são os seguintes Disponibilidade; Integridade, que, pode incluir autenticidade e não repúdio; confidencialidade. (ITU, 2016, para. 1)

A definição de cibersegurança acima apresentada é relevante para o presente estudo, uma vez que dá uma ideia clara do carácter abrangente do tema em análise. Esta definição é significativa porque mostra uma clara distinção entre as primeiras concepções do significado de cibersegurança na década de 1960. Na década de 1960, quando foram inventados os primeiros computadores, as ameaças aos sistemas cibernéticos só se manifestavam sob a forma de danos físicos nas infra-estruturas ou no hardware. Por conseguinte, nessa altura, a cibersegurança centrava-se na proteção do físico e só podia ser parcialmente relevante para este estudo. Com o passar do tempo e a disponibilização dos computadores a um maior número de pessoas, as ameaças aos ciber-sistemas aumentaram e assumiram diferentes formas, incluindo a componente de software, especificamente os dados ou a propriedade intelectual, o que obrigou a alargar a definição para se adequar ao nível e à natureza da ameaça atual.

A cibersegurança desempenha um papel indispensável, mas importante, no processo contínuo de desenvolvimento das tecnologias da informação, uma vez que os sistemas de informação não têm valor sem um mecanismo de segurança eficaz para o seu hardware e software. Por conseguinte, o reforço da segurança através da proteção das infra-estruturas e dos dados críticos é essencial para a cibersegurança (Resolução 45, 2006).

A dissuasão das ciberameaças deve ser uma componente integrante de toda a estratégia de cibersegurança e de proteção das infra-estruturas críticas para os organismos privados e públicos. A estratégia e a agenda globais de cibersegurança devem envolver, em primeiro lugar, o desenvolvimento de sistemas de proteção técnica e, em segundo lugar, a educação dos utilizadores para uma utilização adequada e segura dos recursos informáticos (Schjolberg & Hubbard, 2005). Isto indica uma relação entre os dois conceitos que precisa de ser explicada.

Para enfrentar adequadamente os desafios técnicos, jurídicos, institucionais e humanos cada vez maiores que o quadro da cibersegurança apresenta, é necessário aplicar uma estratégia global e coerente que tenha em conta o papel dos diferentes intervenientes (Schjolberg, 2008). É por isso que o investigador resumiu a secção de análise teórica propondo um quadro teórico integrado da cibersegurança. **O fenómeno e a definição da cibercriminalidade**

A ocorrência de cibercrime tem sido vista como um problema de grande alcance no domínio da segurança da informação, o que explica o facto de muitos teóricos da cibersegurança terem escrito extensivamente sobre o problema do cibercrime (Burstein, 2003). Mas o que é exatamente um cibercrime? O termo cibercrime é por vezes utilizado indistintamente com o termo crime informático, mas ambos os termos apresentam ligeiras diferenças. A cibercriminalidade tem um significado mais restrito do que os crimes informáticos, uma vez que apenas envolve uma rede informática. A criminalidade informática é mais abrangente, uma vez que pode incluir crimes que não têm uma ligação direta à rede, mas que podem apenas afetar sistemas informáticos. Uma distinção mais clara entre os termos foi estabelecida durante o 10º Congresso das Nações Unidas sobre a Prevenção do Crime e o Tratamento dos Delinquentes (Nações Unidas, 2000).

Durante essa conferência, a cibercriminalidade, entendida em sentido estrito como crime informático, foi definida como envolvendo actividades ilegais cometidas eletronicamente e visando a segurança das redes informáticas e dos dados nelas contidos (Nações Unidas, 2000). A cibercriminalidade, entendida em sentido lato como crimes informáticos, inclui qualquer comportamento ilegal cometido em relação a um sistema e a uma rede informáticos. Um exemplo pode ser a posse, a oferta ou a distribuição ilegal de informações utilizando um sistema ou uma rede informática (Kumar, 2009; Nhan & Bachmann, 2011; Sieber, 2004).

Uma definição padrão descreve o cibercrime como qualquer atividade em que um computador ou uma rede é utilizado como ferramenta, alvo ou local para cometer um crime. Embora esta definição seja aceitável, é ampla e pode ser interpretada de modo a incluir crimes tradicionais como o homicídio se, por exemplo, o autor do crime matar alguém batendo-lhe com o teclado, o monitor ou o ambiente de trabalho de um computador (Carter, 1995; Charney, 1994).

As diferentes variações nas definições demonstram as dificuldades em dar uma definição "única" para o cibercrime, uma vez que este tem muitas facetas diferentes e descreve uma infinidade de infracções que incluem os crimes informáticos tradicionais e os crimes em rede. Devido às diferenças existentes entre estes crimes, é difícil elaborar uma norma única que inclua todos os actos necessários.

Embora *uma* definição única não seja o mais importante, é preferível adotar uma abordagem tipológica do conceito, uma vez que descreve o tipo de cibercrime que está a ser considerado. Uma vez que já foi estabelecido que o termo cibercrime abrange uma vasta gama de condutas criminosas, a Convenção sobre o Cibercrime distingue quatro tipos diferentes. Trata-se de infracções contra a confidencialidade, integridade e disponibilidade dos dados; infracções relacionadas com o computador; infracções relacionadas com o conteúdo; e infracções relacionadas com os direitos de autor (Aldesco, 2002; Broadhurst, 2006; Gercke, 2006; Gercke, 2008; Jones, 2005). Estas tipologias abrangem todas as formas de cibercrime, exceto em situações de ciberterrorismo, que têm muitas outras dimensões que não são consideradas nesta investigação.

As ameaças aos sistemas de informação existem desde o início da revolução tecnológica na década de 1960. Desde então, foram adoptadas várias abordagens para resolver a questão, mas nenhuma delas pode pretender fornecer uma solução absoluta para o problema, porque a tecnologia está sempre a mudar, tal como os métodos utilizados pelos cibercriminosos para violar a segurança. Para compreender plenamente a profundidade do problema da cibercriminalidade, bem como para apreciar os esforços envidados para resolver as partes do problema que estão em constante mutação, é necessária uma explicação de fundo da questão.

A década de 1960. Como já foi referido, o primeiro computador foi utilizado na década de 1960 e, nessa fase inicial, os crimes contra computadores concentraram-se em danos físicos no hardware e nos dados armazenados (McLaughlin, 1978). Exemplos publicamente conhecidos dos primeiros crimes contra computadores foram registados no Canadá em 1969, causados por um incêndio num centro de dados de uma universidade em resultado de um motim de estudantes (Kabay, 2008).

Por volta da mesma altura, surgiram nos Estados Unidos discussões sobre a necessidade de criar instalações centrais de armazenamento de dados e, durante essas discussões, as possibilidades de um ataque criminoso aos centros de dados e às bases de dados, bem como o risco resultante para a privacidade, foram igualmente motivo de preocupação (Miller, 1971; Sieber, 1977; Westin & Baker, 1973).

A década de 1970. Quase uma década após a introdução do primeiro computador, a utilização de computadores continuou a aumentar, mas sobretudo em instituições de investigação, laboratórios governamentais e militares. Esta maior utilização de computadores na década de 1970 assistiu a um aumento da cibercriminalidade. Nessa altura, a cibercriminalidade começou também a passar dos tradicionais crimes físicos contra o equipamento informático dos anos 60 para esquemas novos mas sofisticados.

Embora os danos no equipamento informático continuassem a ser um problema, começaram a surgir incidentes de utilização ilegal de sistemas de informação e de manipulação de dados electrónicos. A passagem das transacções comerciais de processos manuais para meios informáticos na década de 1970 gerou um aumento da fraude informática, colocando assim novas formas de desafios à aplicação da lei. Estes acontecimentos suscitaram debates jurídicos na maior parte dos países, tendo os Estados Unidos começado a discutir a elaboração de um projeto de lei especificamente destinado a resolver o problema da cibercriminalidade (McLaughlin, 1978; Nycum, 1976;

Schjolberg, 2004).

A década de 1980. A década de 1980 foi uma época empolgante nos Estados Unidos, pois os "bolsos" de indivíduos ricos começaram a comprar os seus computadores, aumentando assim os potenciais alvos da cibercriminalidade. A década de 1980 também registou um interesse crescente em produtos de software, o que levou a um aumento dos crimes relacionados com software, como a pirataria e os crimes relacionados com patentes. Os meios para a atividade criminosa mudaram, passando a incluir a capacidade de cometer um crime sem a necessidade de presença ou localização física. Esta nova plataforma para a atividade criminosa colocou mais desafios à aplicação da lei. Os criminosos começaram também a desenvolver e a difundir software malicioso, o que levou a um aumento do número de vírus informáticos. Todos estes desenvolvimentos assustadores fizeram com que os países começassem a atualizar as suas regras para responder às exigências de uma atmosfera criminosa em mutação (Andrews, 1983; Bigelow, 1985; BloomBecker, 1981; Kabay, 2008; Schjolberg, 2004; Thackeray, 1985; Yee, 1984).

A década de 1990. A década de 1990 assistiu a uma enorme expansão na utilização de computadores. Na década de 1990, foi introduzida a interface gráfica do utilizador e a utilização de aplicações Web aumentou. Esta foi a era do www.com, que assistiu a um aumento das ameaças cibernéticas devido à Internet. Surgiram questões legais de segurança dos dados, uma vez que as informações divulgadas num país podiam ser avaliadas noutro, mesmo que fossem ilegais nesse Estado (Sofaer & Goodman, 2001). Os serviços em linha expandiram-se, colocando assim desafios à investigação do crime devido à velocidade de troca de dados.

A proliferação da Internet na década de 1990 também colocou um problema moral, uma vez que o material pornográfico podia ser facilmente acedido através da Internet, em vez de livros, periódicos e cassetes, como acontecia até então. Todos estes tipos de cibercrimes obrigaram a comunidade internacional e as Nações Unidas a desenvolver formas juridicamente vinculativas de controlo e prevenção dos crimes informáticos e de telecomunicações através da Resolução 45/121 (Nações Unidas, 1994).

O século XXI. Este século é a era em que os computadores e a Internet existem em todos os cantos do mundo e o desenvolvimento da Internet de banda larga torna o acesso à Internet fácil para todos. Novos aparelhos tecnológicos, como smartphones, iPads e tablets, têm agora ligações à Internet. Este facto deu origem a métodos novos e complicados de cometer cibercrime. Alguns deles são os ataques de phishing, os ataques de botnet e todos os tipos de crimes relacionados com a computação em nuvem. A automatização surgiu e os cibercriminosos desenvolveram formas novas e sofisticadas de automatizar ataques a grandes redes. Todos estes desenvolvimentos trouxeram a questão da cibercriminalidade para a ribalta e quase todas as empresas e governos estão a trabalhar arduamente para assegurar e proteger as suas redes contra ataques (ITU, 2012; Simon & Slay, 2006; Velasco San Martin, 2009; Wilson, 2007).

Atitudes em relação à utilização do ciberespaço

O aumento das ameaças contra as redes informáticas incentivou os investigadores a estudar a relação existente entre os seres humanos e a adoção de tecnologias. Esta investigação expandiu a literatura ao sublinhar que, para reduzir efetivamente o risco cibernético nas organizações, o enfoque deve ser deslocado para as atitudes dos utilizadores de computadores, tanto quanto para as questões técnicas (CSO Staff, 2004; Pattinson & Anderson, 2007; Stanton et al., 2005; Trcek et al., 2007; Vroom & von Solms, 2004). Esta mudança está em consonância com a afirmação de Bruce Schneier de que "a maior vulnerabilidade em termos de segurança continua a ser a ligação entre o teclado e a cadeira" (CSO Staff, 2004, para. 5).

Embora uma perfeita compreensão das interações entre o homem e o computador ajude a gerir o risco informático, os utilizadores e os gestores organizacionais continuam a concentrar lentamente os seus recursos nos aspectos atitudinais das TI, tentando colher os benefícios obtidos com o comportamento positivo dos utilizadores de computadores. Esta mudança lenta explica-se pelo facto de não terem sido realizados muitos estudos para explicar a ciber-utilização segura. Para justificar o problema da escassa literatura sobre a ciber-usabilidade, Abraham, na sua tentativa de estudar os factores que afectam o comportamento dos utilizadores em matéria de cibersegurança nas organizações, descobriu uma grave falta de literatura, uma vez que só conseguiu citar um artigo publicado por Thomson e von Solms (1998) sobre o tema do comportamento dos utilizadores em matéria de segurança informática (Abraham 2011).

Antes de proceder à análise da usabilidade e da segurança cibernéticas, é importante compreender o significado de atitude, uma vez que isso realçaria a importância de uma atitude positiva em relação à cibersegurança. A atitude pode ser descrita como "uma tendência psicológica que se expressa através da avaliação de uma determinada entidade com algum grau de favorecimento ou desfavorecimento" (Eagly & Chaiken, 1993, p. 1; Ferguson & Bargh, 2007). Outro académico descreve a atitude como "uma predisposição aprendida para responder positiva ou negativamente a um determinado objeto, situação, instituição ou pessoa" (Aiken, 2000, como citado em Yushau, 2006).

Um ponto importante levantado por ambas as definições é o facto de a atitude poder ser utilizada como um bom indicador da intenção ou do comportamento humano (Kutluca, 2011). Ajzen, através da sua teoria do comportamento planeado, capitaliza este facto, afirmando que a propensão dos utilizadores para se comportarem de uma determinada forma é impulsionada pelas suas intenções que, por sua vez, demonstram a sua atitude em relação a esse comportamento (Ajzen, 1988, 1991). A atitude em relação à utilização do ciberespaço funcionaria como um bom indicador da forma como os ciberutilizadores abordariam a utilização segura do ciberespaço.

Nível de educação. O nível de educação de um utilizador de TI tem sido discutido por teóricos e ciberutilizadores como um determinante importante da atitude de um ciberutilizador em relação à segurança. Os defensores do argumento do nível de educação do ciberutilizador afirmam que quanto mais elevado for o nível de educação do ciberutilizador, maior será o seu nível de preocupação com a segurança da Internet (Bishop, 2000). O princípio fundamental subjacente a este ponto de vista é a convicção de que o nível de escolaridade de um ciberutilizador contribui para aumentar a sua capacidade de utilizar a Internet de forma segura e também desenvolve a consciência necessária para manter ou garantir uma utilização segura da Internet (Bishop, 2000; Jones, 2002). A apoiar esta perspetiva teórica está também o argumento avançado pelos defensores da teoria de que a maioria das pessoas com formação está informada sobre os efeitos adversos da cibercriminalidade e, pelo facto de fazerem parte da força de trabalho, estão bem cientes das consequências de um ciberataque nas empresas (Jones, 2002).

A educação, tal como mencionada aqui, não é formação, mas sim o processo de receber ou dar conhecimento sistemático num ambiente escolar ou universitário. O sentido aqui é que quanto mais avançado for o nível académico de uma pessoa, mais bem equipada estará para compreender e utilizar a Internet de forma segura. Embora plausível, este pressuposto tem de ser verificado, uma vez que alguns académicos apresentaram contra-argumentos que defendem que outros factores, para além do nível de educação, determinam a preocupação do utilizador com a segurança da Internet, por exemplo, a experiência anterior de violação da Internet, as perdas financeiras anteriores resultantes de uma violação cibernética, o sexo, a idade e o local de residência do utilizador, o conhecimento do computador e da Internet por parte do utilizador e a formação prévia do utilizador em matéria de sensibilização para a segurança da Internet (Czaja et al., 2006). Isto explica a necessidade de testar a variável educação no estudo.

Género. A discussão sobre o género e o seu papel na cibersegurança não pode ser ignorada porque pessoas de todos os géneros utilizam regularmente a Internet. No centro deste debate está a diferença de género verificada não só no ensino da informática, mas também na profissão de informático. Segundo a literatura, muitos académicos preocupam-se com o facto de o número de mulheres no mercado de trabalho das tecnologias da informação ser desproporcionadamente inferior ao dos homens. Alguns argumentam mesmo que existe uma longa e desproporcionada história entre homens e mulheres no que diz respeito às atitudes em relação à adoção, utilização e segurança dos computadores (Jackson, Ervin, Gardner, & Schmitt, 2001; McIlroy, Bunting, Tierney, & Gordon, 2001; Morahan-Martin, 1998; Schumacher & Morahan-Martin, 2001; Sherman et al., 2000; Weiser, 2000; Wolfradt, U., & Doll, J. 2001).

De acordo com estes académicos, as mulheres são menos propensas a utilizar computadores do que os homens porque são mais ansiosas do que eles e são vítimas de tecnofobia ou menos susceptíveis de se adaptarem à tecnologia do que os homens. Alguns defendem mesmo que os homens se interessam mais por computadores do que as mulheres e consideram os computadores importantes e únicos (Levin & Gordon, 1989; Shashaani, 1997). Embora estes pontos de vista pareçam tendenciosos e necessitem de testes empíricos, eles existem, justificando assim a inclusão do género como variável independente a testar no estudo.

Apesar dos pontos de vista contraditórios inerentes à literatura sobre qual a categoria de género que melhor administra a cibersegurança, os investigadores continuam a considerar que o género é um fator determinante da usabilidade da cibersegurança e os académicos argumentam que os rapazes se interessam mais por computadores do que as raparigas e, por conseguinte, gostam mais de trabalhar com eles (Collis, Kass, & Kieren, 1989; Fetler, 1985; Shashaani, 1993).

Chen apoia esta tendência quando afirma que, entre os estudantes do ensino secundário, os homens têm mais auto-confiança na sua capacidade de utilizar computadores do que as mulheres (Chen, 1986). Esta noção é apoiada pelo facto de as mulheres em geral e as mulheres pertencentes a minorias, em particular, não terem muitos modelos femininos de sucesso nas TI para imitar (Collis et al., 1989).

Não obstante, a investigação também revelou que há mais homens com opiniões preconceituosas sobre a competência informática do que mulheres. Num estudo em que participaram estudantes, as estudantes do sexo feminino concordaram com maior consistência do que os estudantes do sexo masculino que as pessoas de todos os géneros têm capacidades iguais em termos de competência informática (Collis etal., 1985; Levin & Gordon, 1989; Smith, 1986). Outro investigador efectuou um estudo que indicou que, dos 378 estudantes do primeiro ano de licenciatura participantes, foram obtidas poucas provas que justificassem que a utilização do computador fosse um assunto exclusivamente masculino (Francis, 1994).

O facto é que muitos factores explicam as diferenças de género quando se analisa a usabilidade da cibersegurança. Assim, muitos estudos salientam a falta do fator de exposição para explicar as diferenças de género relacionadas com a usabilidade da cibersegurança e defendem que quanto mais as mulheres forem expostas à utilização frequente de computadores e em igual proporção aos homens, mais a diferença de género na usabilidade da cibersegurança diminuirá (Arch & Commins, 1989; Chen, 1986; Shashaani, 1994). Estes pontos de vista justificam a inclusão da variável género no estudo.

Idade. A discussão sobre a relação que a idade tem na usabilidade da cibersegurança não pode ser ignorada porque pessoas de todas as idades utilizam a Internet regularmente. De acordo com um estudo efectuado por Schwartz (1988), apenas 1% das pessoas com mais de 65 anos identificaram possuir e utilizar computadores pessoais. Quando se analisa a utilização de outras formas de tecnologia, como os ATM, alguns académicos argumentam que os idosos são menos propensos a utilizá-los do que os jovens, embora isto pareça difícil de compreender nesta era digital (Czaja & Shark, 1998; Rogers, Cabrera, Walker, Gilbert, & Fisk, 1996; Zeithaml & Gilly, 1987).

Em contrapartida, os dados de um inquérito conduzido pela Associação Americana de Reformados (AARP) indicavam que a maioria dos inquiridos em idade de reforma estava preparada para utilizar computadores pessoais para realizar tarefas habituais, como fazer orçamentos, aceder a informações sobre saúde ou prestações sociais e preparar os impostos (Edwards & Engelhardt, 1989).

Noutro estudo que se centrou na utilização do correio eletrónico por mulheres com idades compreendidas entre os 50 e os 95 anos, uma maioria substancial indicou que adorava ter computadores em casa e estava disposta a utilizar os computadores de forma segura para pagar contas e comunicar (Czaja, Guerrier, Nair, & Landauer, 1993; Czaja & Shark, 1998). Estas opiniões inconsistentes justificam a necessidade de testar a relação com dados empíricos obtidos junto dos participantes na investigação.

Localização da residência. A inclusão das variáveis de localização da residência no estudo está no cerne do debate sobre o "fosso digital" e emana de teorias que sugerem que as pessoas que vivem em zonas urbanas densamente povoadas e que se ligam à Internet de alta velocidade têm uma maior probabilidade de utilizar a Internet de forma segura do que os indivíduos que vivem em zonas rurais escassamente povoadas e que podem não ter acesso à Internet (Horrigan, 2010; Zickuhr, 2013).

No centro deste debate está a ideia de que a conetividade à Internet de banda larga de alta velocidade é mais garantida nas zonas urbanas do que nas zonas rurais do país. Esta disparidade é causada não só pela falta de disponibilidade de infra-estruturas de banda larga, mas também pelo fosso existente na aceitação da banda larga entre grupos demográficos e entre linhas socioeconómicas. O facto é que muitos cidadãos nos Estados Unidos, especialmente os que vivem em zonas rurais, continuam a sofrer disparidades não só na utilização da Internet, mas também em termos de ligações mais lentas, menos escolhas e qualidade do acesso (Horrigan, 2010; Zickuhr, 2013). Apesar de todos estes argumentos, a noção de que um melhor acesso à Internet garante uma utilização segura da Internet exige uma maior elucidação, e é por isso que os resultados dos dados do inquérito são fundamentais para este estudo.

Conclusão

A análise da literatura sobre as atitudes dos ciberutilizadores em relação à segurança neste capítulo revela as dificuldades encontradas para compreender e abordar plenamente o problema da cibercriminalidade, nomeadamente devido à natureza evolutiva da tecnologia, às múltiplas partes interessadas envolvidas e às intrincadas relações que se escondem na atitude humana e na adoção de tecnologias seguras. Todas estas questões sublinham a importância de realizar este estudo utilizando uma metodologia quantitativa baseada em dados de inquéritos. A literatura também revela que a maioria dos utilizadores pode ser vítima de cibercrime, não necessariamente porque o queira, mas sobretudo devido à falta de conhecimentos adequados necessários para utilizar a Internet de forma segura. A literatura mostra também que, embora a tecnologia da informação seja boa e facilite a vida, as pessoas devem utilizá-la com cuidado, pois os cibercriminosos estão prontos e dispostos a violar a segurança e a roubar dados para seu proveito.

A inexistência de uma teoria que possa explicar todas as partes intrincadas da usabilidade da cibersegurança como um todo demonstra não só a vastidão do conceito, mas também a sua natureza complicada. Por conseguinte, é importante realizar este estudo para compreender o tipo de relação que existe entre a cibersegurança e as atitudes dos utilizadores em relação à segurança. Este conhecimento é importante na medida em que ajudaria os ciberutilizadores a beneficiarem da utilidade das TI e, ao mesmo tempo, a protegerem os seus dados. O próximo capítulo apresenta o quadro metodológico utilizado neste estudo para investigar a relação existente entre a cibersegurança e as atitudes dos utilizadores.

Capítulo 3: Metodologia

Introdução

O objetivo desta secção é apresentar o método utilizado para administrar os inquéritos e analisar os dados de campo recolhidos através dos questionários para chegar aos resultados da investigação. O estudo explorou as diferenças de atitude dos estudantes universitários relativamente à utilização e segurança da Internet em Washington, DC, numa tentativa de compreender a relação existente entre a utilização da Internet e a cibercriminalidade. Tal como se observou no capítulo de análise da literatura, embora o discurso sobre a segurança da Internet tenha ganho proeminência, não tem havido muita atenção à relação que a utilização da Internet tem com a segurança.

O capítulo centra-se igualmente numa análise científica rigorosa dos dados arquivados, com o objetivo geral de, a partir dos resultados, melhorar a segurança da Internet e a proteção da confidencialidade dos dados através de uma melhor atitude do utilizador. Este objetivo é importante, uma vez que contribuirá substancialmente para prevenir ou reduzir o risco que resulta da perda de dados (DL), da perda financeira (FL) e da diminuição da reputação de uma organização devido a um ciberataque. O campo da gestão de riscos, conflitos e crises está a enfrentar desafios crescentes devido às constantes mudanças nas tácticas, métodos e tipos de crimes cometidos por cibercriminosos no século XXI. Este facto é evidente no aumento dos casos de cibercrimes todos os anos (Internet Crime Complaint Center, 2011).

O aumento da cibercriminalidade sublinha a importância de melhorar as atitudes dos utilizadores da Internet em relação à segurança. Mas, para isso, é necessário compreender essa relação. Embora essa compreensão seja necessária para melhorar o desenvolvimento de software e hardware seguros, também ajuda os engenheiros de software e os funcionários responsáveis pela aplicação da lei a encontrar formas novas e inovadoras de combater a cibercriminalidade. Como Chinua Achebe afirmou no seu livro *"Things Fall Apart"*, "desde que o homem aprendeu a disparar sem falhar, aprendeu a voar sem se empoleirar" (1958, p. 22). Utilizando esta lógica, poder-se-ia dizer que, embora as forças da ordem, os profissionais da resolução de conflitos, os engenheiros de segurança e os decisores políticos tenham aprendido a configurar mecanismos adequados de cibersegurança para proteger os seus bens, os hackers também aprenderam a violar a segurança sem aviso prévio. O desafio desta investigação é, pois, compreender as relações que a ciberutilização tem com a segurança e determinar as melhores práticas que possam promover a utilização segura da Internet.

Os ciberataques são os efeitos não intencionais sofridos por ciberutilizadores inocentes. Esses ataques são maus e devem ser evitados para promover a segurança nas TI. O desenvolvimento de uma estratégia eficaz de cibersegurança que responda aos desafios das TI do século XXI é algo que os profissionais da cibersegurança, os profissionais da gestão de crises, os decisores políticos, as autoridades policiais e os ciberutilizadores têm de enfrentar. Esta questão é urgente devido aos danos causados pelos ciberataques e à potencial devastação degenerativa que esses ataques podem provocar nos sistemas financeiros, tendo em conta que quase todas as grandes instituições financeiras do mundo dependem atualmente da Internet para exercer a sua atividade (Setia, V & Joglekar, 2013).

Este capítulo aborda a metodologia utilizada no estudo. O estudo utilizou uma metodologia quantitativa e foi concebido como uma investigação de associação destinada a compreender a relação existente entre a ciberutilização e a cibercriminalidade. Para atingir este objetivo, foram utilizados inquéritos para recolher dados e, para a análise dos dados, foi utilizada a estatística do qui-quadrado. Esta metodologia era adequada para o estudo porque assegurava uma elucidação exacta das relações existentes entre as variáveis da investigação (Creswell, 1994; Reinard, 1998).

A investigação por inquérito é relevante em estudos exploratórios e, como observam alguns académicos, o seu objetivo é responder a questões que são levantadas, abordar problemas que são vistos, medir necessidades e estabelecer objectivos, determinar se objectivos específicos foram ou não atingidos, criar linhas de base em relação às quais podem ser feitas avaliações futuras, analisar tendências ao longo do tempo e, em geral, definir o que existe, em que quantidade e em que contexto (Isaac & Michael, 1997).

Os princípios da investigação de associação utilizados no estudo ajudam a definir a relação entre as variáveis da investigação. Este método ajuda a compreender até que ponto a relação é forte e que tipo de relação existe entre as variáveis. A metodologia do estudo foi escolhida com três resultados possíveis em mente: primeiro, perceber uma relação, segundo, indicar quando uma relação não existe e, finalmente, perceber quando uma relação existe mas é fraca. É importante notar que, embora um estudo de associação explique as relações que existem entre duas ou mais variáveis, não pode mostrar que uma variável causa uma mudança na outra (Isaac & Michael, 1997).

Por conseguinte, o objetivo deste estudo não é uma procura de causa e efeito, mas sim a natureza das relações que existem entre as variáveis da investigação. Esta relação ajuda a explicar as condições que explicam a ocorrência ou não ocorrência do cibercrime e também a criar espaço para novas investigações que possam explicar questões emergentes sobre o assunto.

Entre os muitos aspectos da metodologia de investigação apresentados neste capítulo contam-se a conceção e a fundamentação da investigação, os procedimentos de amostragem, os procedimentos de recolha de dados, a descrição dos dados, a análise e interpretação dos dados e os procedimentos de manipulação dos dados.

No centro deste capítulo está uma apresentação pormenorizada dos vários protocolos e instrumentos da metodologia utilizada no estudo. Alguns dos instrumentos de investigação discutidos neste capítulo são o questionário utilizado na recolha de dados no terreno e o teste estatístico utilizado para analisar os dados. O capítulo descreve também a população-alvo e a amostra utilizada no estudo, bem como apresenta a justificação e a relevância da utilização da população estudantil na investigação. Finalmente, o capítulo descreve os procedimentos utilizados para validar os dados de campo e administrar os dados incompletos.

Conceção e justificação da investigação

O estudo foi concebido como um estudo exploratório destinado a analisar as atitudes em relação à utilização e segurança da Internet entre os estudantes da área de Washington, DC, para compreender a relação existente entre a utilização da Internet e a ocorrência de cibercrime. Uma vez que a conceção da investigação não é apenas exploratória, mas também associativa, foram utilizados inquéritos para obter dados e orientar o investigador para uma explicação informada da relação entre as variáveis da investigação. Um "inquérito" é uma metodologia de investigação concebida para recolher dados de uma população definida, ou de uma amostra dessa população, utilizando como instrumentos um questionário ou uma entrevista (Robson, 1993).

Embora muitas outras técnicas, como a entrevista e a observação, possam ser utilizadas para recolher dados de uma amostra da população num inquérito, o questionário é amplamente utilizado (Marsh, 1982), como foi o caso neste estudo.

O inquérito por amostragem é um método importante de recolha de dados junto de indivíduos selecionados e tem sido utilizado com êxito pelos investigadores na condução e aplicação de metodologias básicas de investigação em ciências sociais (Rossi, Wright,

& Anderson, 1983). A conceção do inquérito, segundo Levy e Lemeshow (1999), envolve duas etapas. A primeira etapa consiste em estabelecer um plano de amostragem ou a metodologia que será incorporada para identificar amostras da população e, em segundo lugar, determinar os procedimentos que serão utilizados para estabelecer as taxas de resposta desejadas (Salant & Dillman, 1994). Estas duas etapas serão todas explicadas na secção de amostragem da investigação.

Esta investigação foi concebida em torno do questionário que foi desenvolvido e publicado no SuveyMonkey. A SuveyMonkey é uma empresa de inquéritos em linha que fornece serviços personalizados gratuitos e pagos aos investigadores, que incluem ferramentas de recolha de dados, análise de dados, seleção de amostras, eliminação de enviesamentos e representação de dados. Os critérios para a seleção dos participantes incluíam ser estudante e residir na área metropolitana de Washington, DC, utilizar a Internet e ter idade igual ou superior a 18 anos.

As respostas dos participantes foram utilizadas para testar a relação que existe entre as variáveis dependentes e independentes do estudo. Eis as perguntas de investigação a que se respondeu no estudo: RQ1: Existe uma relação entre a atitude dos utilizadores relativamente à importância da formação de sensibilização para a cibersegurança e o seu nível de preocupação com a cibersegurança? RQ2: Existe uma relação entre o facto de os utilizadores se considerarem conhecedores de informática e o seu nível de preocupação com a cibersegurança? RQ3: Existe uma relação entre o tipo de transação que o utilizador mais utiliza na Internet e o seu nível de preocupação com a cibersegurança? RQ4: Existe uma relação entre o montante das perdas financeiras sofridas devido a uma violação cibernética e o nível de preocupação com a cibersegurança? RQ5: Existe uma relação entre o nível de escolaridade do utilizador da Internet e o seu nível de preocupação com a cibersegurança? RQ6: Existe uma relação entre o género do utilizador da Internet e o seu nível de preocupação com a cibersegurança? RQ7: Existe uma relação entre a idade do utilizador da Internet e o seu nível de preocupação com a cibersegurança? RQ8: Existe uma relação entre o local de residência do utilizador da Internet e o seu nível de preocupação com a cibersegurança?

Para testar as questões acima referidas, foram examinadas as seguintes hipóteses do investigador. Hl: Existe uma associação significativa entre a atitude dos utilizadores relativamente à importância da formação de sensibilização para a cibersegurança e o seu nível de preocupação com a cibersegurança. H2: Existe uma associação significativa entre o facto de os utilizadores se considerarem conhecedores de informática e o seu nível de preocupação com a cibersegurança. H3: Existe uma associação significativa entre o tipo de transação que o utilizador mais utiliza na Internet e o seu nível de preocupação com a cibersegurança. H4: Existe uma associação significativa entre o montante das perdas financeiras incorridas devido a uma violação cibernética e o nível de preocupação com a cibersegurança. H5: Existe uma associação significativa entre o nível de escolaridade do ciberutilizador e o seu nível de preocupação com a cibersegurança. H6: Existe uma associação significativa entre o género do ciberutilizador e o seu nível de preocupação com a cibersegurança. H7: Existe uma associação significativa entre a idade do ciberutilizador e o seu nível de preocupação com a cibersegurança. H8: Existe uma associação significativa entre o local de residência de um ciberutilizador e o seu nível de preocupação com a cibersegurança.

A utilização de um questionário na investigação oferece algumas vantagens únicas que não existem noutros métodos de investigação, como a entrevista, uma vez que não só são mais fáceis de administrar do que a realização de entrevistas pessoais, como também garantem a confidencialidade (Leary, 1995). Os questionários são também altamente estruturados na recolha de dados, uma vez que garantem que todos os participantes respondem às mesmas perguntas, o que pode ser problemático quando se realizam entrevistas (de Vaus, 1996) ou se utilizam outros métodos de recolha de dados (McIntyre, 1999).

Os resultados do estudo foram obtidos a partir de *uma* amostra de 433 participantes recolhidos entre estudantes universitários da área de Washington, DC. A análise dos dados foi orientada pela noção de que existe uma ligação entre a utilização da Internet e a segurança da Internet.

A recolha de dados através de um inquérito foi, por conseguinte, utilizada não só devido ao papel significativo que desempenha como instrumento de recolha e análise de informações a partir de amostras selecionadas, mas também devido ao reconhecimento que estabeleceu na investigação em ciências sociais como um instrumento útil e vital para a recolha de dados (Rossi et al., 1983).

O inquérito também foi utilizado porque é conhecido por muitas pessoas nos Estados Unidos, especialmente entre a comunidade de elite. Muitas pessoas nos Estados Unidos participaram em inquéritos de marketing que ajudam os gestores de empresas a decifrar as preferências dos consumidores ou os padrões de compra para uma gestão eficaz (Leary, 1995).

Muitos telespectadores americanos também participaram no inquérito Nielson, que ajuda os executivos dos meios de comunicação social a quantificar o número de audiências que vêem determinados programas para efeitos de fixação de taxas de publicidade. Para realizar estas sondagens Gallup, são recolhidas amostras de participantes desagregadas por género, etnia, educação e região do país (Rossi et al., 1983).

Metodologia

A metodologia empregue no estudo é quantitativa. Foram utilizados inquéritos com o auxílio de um questionário distribuído eletronicamente para recolher dados da amostra.

Ao utilizar inquéritos por amostragem, o investigador recolheu sistematicamente informações de uma amostra de estudantes da área de Washington, DC, sobre as atitudes dos utilizadores em relação à cibersegurança.

A amostragem por julgamento foi utilizada porque a investigação exigia condições específicas para a participação, e estas especificações foram claramente explicadas no formulário de consentimento no início do questionário. Estas especificações garantiram que os participantes na investigação concordavam com os termos da investigação e estavam dentro dos critérios indicados. Os dados recolhidos no inquérito foram depois utilizados em tabelas cruzadas para construir descritores quantitativos das relações existentes entre a utilização do ciberespaço e a segurança da Internet (Groves et al., 2009).

A população da investigação foi deliberadamente escolhida devido à sua acessibilidade e familiaridade na utilização da Internet. Os estudantes universitários utilizam a Internet para uma variedade de transacções, algumas das quais para fins de investigação, educação, comunicação, negócios, operações financeiras e criação de redes com a ajuda de meios sociais como o Face book, o MySpace, o LinkedIn, o WhatsApp, o Twitter e outros. Antes de escolher a população, foram levantadas e respondidas questões fundamentais. Algumas delas são: A população pode ser enumerada? A população é alfabetizada? Existem problemas linguísticos? A população irá cooperar? Quais são as restrições geográficas? (Trochim, 2006).

Estas e outras perguntas desempenharam um papel fundamental na escolha da amostra. Para além das considerações acima referidas, o investigador sentiu-se à vontade para avançar com estes critérios de participação porque o SuveyMonkey garantiu ao investigador que tinha um número mais do que suficiente de membros registados que satisfaziam os critérios de investigação.

A taxa de literacia da população foi igualmente considerada. Os questionários exigiam que os inquiridos fossem capazes de ler, compreender e responder às perguntas. Embora o investigador tenha rapidamente assumido que os adultos e, sobretudo, os estudantes conseguiam ler e compreender inglês, tendo em conta a elevada taxa de literacia esperada entre os estudantes, algumas perguntas continham, aparentemente, vocabulário difícil ou técnico. O estudo-piloto ajudou o investigador a resolver este problema, tornando a linguagem menos tecnológica e mais fácil de compreender.

Além disso, ao optar por uma população alfabetizada e ao rever a linguagem do questionário após o estudo-piloto, o investigador melhorou a validade de construção da investigação, selecionando cuidadosamente os participantes no estudo e tornando as perguntas acessíveis a todos eles.

As questões de restrição geográfica também são legítimas antes de se decidir qual a população a utilizar na investigação. É sempre importante saber se a população de interesse está dispersa por uma área geográfica demasiado vasta para que o investigador possa encontrar e entrevistar os participantes. A restrição geográfica não foi um problema neste caso porque o investigador utilizou um formato de questionário distribuído eletronicamente que não exigia a presença física ou o contacto entre o investigador e o participante. O investigador também não precisou de entrevistar os participantes na investigação, uma vez que estes apenas acederam e responderam ao questionário no SuveyMonkey (Robson, 1993).

Amostragem e procedimentos de amostragem

Este estudo foi concebido para se centrar na análise da dinâmica atitudinal da utilização e segurança cibernéticas na área de Washington, DC. Este foco regulou os participantes numa amostra de 433 estudantes da área de Washington, com 18 anos ou mais. Uma amostra dos participantes no estudo foi obtida através de um inquérito baseado na Web e depois exportada para o software estatístico SPSS para análise, uma vez que o SPSS tem sido utilizado com êxito por muitos investigadores para analisar dados e produzir resultados cientificamente fiáveis e que explicam adequadamente a questão do estudo (Witt, 1998). O software SPSS permite escolher o teste estatístico necessário para analisar os dados.

A recolha de dados é uma parte importante da investigação, uma vez que os dados ajudam a criar uma melhor compreensão de um quadro teórico (Bernard, 2002). Por conseguinte, a escolha cuidadosa da técnica utilizada para a recolha de dados, bem como dos participantes, é fundamental para o êxito de um projeto de investigação, tendo em conta que nenhuma análise pode compensar dados recolhidos de forma inadequada (Bernard et al., 1986).

A amostragem por julgamento foi utilizada para a recolha de dados porque é uma técnica não aleatória que garante que os participantes na investigação são definidos com base no objetivo da investigação (Bernard 2002; Lewis & Shepard, 2006). A amostragem por julgamento também facilitou a obtenção do número de participantes necessários para o estudo (Alexiades, 1996; Bernard, 2002) e assegurou que os dados recolhidos correspondiam às estipulações demográficas da investigação (McIntyre, 1999), tornando assim a investigação relevante para outros estudantes na área metropolitana de Washington, DC (Bell, 1996).

Independentemente de todas as vantagens apresentadas pela técnica de amostragem utilizada no estudo, os resultados do estudo-piloto desempenharam um papel fundamental na determinação da prossecução ou não do estudo. A análise dos dados do estudo-piloto com uma pequena amostra de 50 participantes indicou a necessidade de aumentar a dimensão da amostra para evitar erros do tipo I e do tipo II. Um erro do tipo I ocorre quando o investigador rejeita falsamente a hipótese nula, aceitando assim uma relação falsa. Um erro do tipo II ocorre quando o investigador aceita erradamente a hipótese nula, criando assim um falso negativo (Lieberman & Cunningham, 2009). Para minimizar estes erros, determinou-se que uma amostra de 433 participantes era adequada e adoptou-se um nível de confiança de 95% com uma probabilidade de erro de 5% e um nível alfa de 0,05, utilizando a estatística do qui-quadrado para testar a hipótese nula do estudo (Lieberman & Cunningham, 2009).

Procedimentos de recrutamento, participação e recolha de dados

Os procedimentos de recrutamento, participação e recolha de dados utilizados na investigação foram éticos e cumpriram as normas de investigação. A participação na investigação foi voluntária e os participantes foram informados sobre a natureza do inquérito, o seu papel e o potencial benefício - que era apenas para aumentar o conhecimento - através de um formulário de consentimento que foi disponibilizado aos participantes na página superior do questionário publicado na plataforma SuveyMonkey. Esta plataforma foi adoptada porque é o fornecedor líder mundial de soluções de inquérito baseadas na Web e tem a confiança de milhões de organizações e indivíduos para recolher os dados de que necessitam para tomar decisões informadas. O SuveyMonkey é utilizado por investigadores de todo o mundo para obter as respostas de que necessitam num período muito curto, em comparação com outros meios de recolha de inquéritos (SuveyMonkey, 2015).

A direção do SuveyMonkey assume a responsabilidade de garantir a participação de diversos grupos de pessoas interessadas em partilhar as suas opiniões com os investigadores. A adesão ao SuveyMonkey é gratuita e o processo de inscrição garante que os novos membros preenchem um formulário de perfil com perguntas demográficas sobre idade, sexo, região e outras caraterísticas de seleção, como tipo de emprego, utilização de telemóvel e muito mais. O SuveyMonkey garante que os investigadores obtêm as respostas de que necessitam, recorrendo a uma população diversificada de mais de 30 milhões de pessoas que participam nos seus inquéritos (SuveyMonkey, 2015).

A plataforma baseada na Web SuveyMonkey é amplamente reconhecida na comunidade científica devido à elevada taxa de retorno e aos elevados níveis de neutralidade dos inquéritos. Com base no estudo-piloto, o investigador limitou o número de questões do instrumento de investigação a um número adequado, certificando-se de que as questões colocadas eram claras e tinham relevância direta para o objetivo do estudo.

Parte da razão pela qual os inquéritos em linha da SuveyMonkey são amplamente respeitados prende-se também com o facto de que, embora os membros do painel sejam provenientes de alguns países, nomeadamente os Estados Unidos, o Reino Unido e a Austrália, os investigadores têm autoridade para escolher o país e a região de onde retiram os seus inquiridos. Os membros do painel do SuveyMonkey têm idade igual ou superior a 3 anos, mas os investigadores têm a liberdade de selecionar os inquiridos por idade e, neste caso, podem limitar a população-alvo a 8 anos ou mais, em função dos requisitos demográficos da investigação (SuveyMonkey, 2015).

Para se inscrever no SuveyMonkey, o investigador fez uma subscrição profissional, selecionou os critérios do estudo, pagou a taxa com base nos critérios selecionados e carregou o questionário do inquérito no SuveyMonkey. Os engenheiros do SuveyMonkey reencaminharam então a ligação do inquérito para os participantes que satisfaziam os critérios demográficos e de investigação dos investigadores. O SuveyMonkey foi responsável por equilibrar automaticamente os resultados de acordo com os dados dos censos relativos à idade e ao género, tendo a precisão e a granularidade desse equilíbrio sido ajustadas e melhoradas à medida que o número de respostas aumentava. Depois de o investigador ter cumprido as políticas e diretrizes do SuveyMonkey, o projeto foi concluído em apenas alguns dias, uma vez que os participantes abriram facilmente a ligação do inquérito, responderam ao inquérito e devolveram os resultados através do sítio Web do SuveyMonkey para o investigador exportar para o SPSS (SuveyMonkey, 2015).

O instrumento de investigação foi o questionário desenvolvido pelo investigador e melhorado através de um estudo piloto que testou a clareza das questões de investigação. Ao desenvolver o inquérito, o investigador certificou-se de que eram evitadas perguntas de orientação e que as opções de resposta eram mutuamente exclusivas. Para garantir que os participantes fornecessem informações mais aprofundadas, o investigador certificou-se de que a formulação do inquérito consistia em perguntas fechadas que se baseavam nos objectivos, perguntas e hipóteses da investigação. As perguntas também seguiram uma progressão lógica, começando com questões demográficas e prosseguindo para o estudo de questões específicas que, progredindo de temas simples para problemas mais complexos, visavam sustentar progressivamente o interesse dos inquiridos. Todas estas questões foram testadas pelo inquérito-piloto, e a conceção final foi ajustada com base nos resultados do teste-piloto (Robson, 1993).

Estudo de inquérito-piloto

Antes de iniciar o estudo, o investigador examinou a eficácia do questionário, selecionando um grupo mais pequeno, mas semelhante, de 50 alunos para participar num estudo-piloto, a fim de determinar se as perguntas estavam a produzir o tipo de informação necessária para responder às perguntas da investigação. Para realizar o estudo-piloto, o investigador explicou o tema da sua investigação aos membros da sua igreja e 50 membros que satisfaziam os critérios da investigação aceitaram voluntariamente participar. O investigador forneceu-lhes então o questionário-piloto e pediu-lhes que, ao responderem às perguntas, indicassem as áreas que precisavam de ser esclarecidas para serem compreendidas (Robson, 1993). As respostas e os comentários do estudo-piloto revelaram-se vitais, uma vez que ajudaram a identificar contingências imprevistas e pontos fracos que foram tratados antes da realização do inquérito propriamente dito.

Em particular, o inquérito-piloto ajudou a evitar perguntas enganadoras, inadequadas ou irrelevantes que poderiam ter criado incoerências e dificultado o progresso da investigação, uma vez que essas incoerências poderiam ter levado os participantes a saltar algumas perguntas ou a recusarem-se a participar (Fink & Kosekoff, 1985).

O estudo-piloto não só testou os instrumentos de investigação, como também assegurou que as instruções do inquérito eram compreensíveis e que as formulações estavam corretas (Baker, 1994). O instrumento do estudo-piloto era o mesmo questionário que foi editado após o estudo-piloto e utilizado na investigação para avaliar as atitudes dos cibernautas em relação à segurança.

Os participantes do estudo piloto foram instruídos a indicar na parte inferior da página do questionário piloto o que pensavam sobre o design das questões. A maioria dos participantes relatou que as questões do questionário tinham poucas opções e, por isso, pediram mais opções nas questões. O investigador editou então as perguntas do inquérito e forneceu categorias de opções para indicar o nível de preocupação dos utilizadores com a segurança enquanto navegam na Internet (Baker, 1994).

Os comentários do inquérito-piloto foram muito úteis, pois ajudaram o investigador a reformular algumas perguntas para facilitar a resposta e, em alguns casos, deram mais opções aos inquiridos, o que acabou por ajudar o investigador a explicar melhor a operacionalização e a manipulação das variáveis (Baker, 1994).

As actualizações feitas no questionário, em resultado dos comentários do estudo-piloto, aumentaram a confiança do investigador, que avançou para o estudo de investigação propriamente dito com a certeza de que as perguntas eram claras e fáceis de responder. A importância do estudo-piloto consistiu apenas em assegurar ao investigador que o questionário era claro e eficaz para gerar os dados necessários através das respostas dos participantes (Robson, 1993).

Análise e interpretação dos dados segundo o modelo de análise de correlação do qui-quadrado

A análise e a interpretação dos dados foram determinadas pelos resultados do teste estatístico do Qui-quadrado, tendo sido utilizadas tabelas de contingência para descrever os dados. O qui-quadrado é um teste estatístico inventado por Pearson para comparar dados observados com dados que se espera obter de acordo com a hipótese em questão (Diener-West, 2008).

A estatística do qui-quadrado foi utilizada porque deu ao investigador a capacidade de medir a ocorrência de ciberataques, comparando as instâncias ocorridas ou observadas em cada célula da tabela com as instâncias que se esperava que ocorressem ou fossem observadas sob o pressuposto de não haver associação entre as classificações das linhas e das colunas (Diener-West, 2008).

A estatística do qui-quadrado também foi utilizada aqui para testar a hipótese de associação ou não associação entre as variáveis, comparando as contagens ocorridas ou observadas com as contagens esperadas. Ao testar a força da relação entre a ocorrência de um ciberataque e outras variáveis independentes utilizando o Qui-quadrado, Lambda e Gama, foi estabelecida uma teoria informada a partir dos resultados (Diener-West, 2008).

Para escolher o Qui-Quadrado para a análise dos dados, foram assumidos alguns pressupostos. O primeiro pressuposto foi o da independência das observações, que se centrava particularmente no facto de a resposta de cada participante ser independente e não dizer nada sobre a resposta de outro participante. Ao assumir a independência das observações, o investigador estava consciente do facto de que tal só seria alcançado se a amostragem de uma observação não afectasse a escolha da segunda observação (Diener-West, 2008).

O segundo pressuposto era que todas as categorias incluiriam todas as observações e evitariam sobreposições, uma vez que o teste de associação do Qui-quadrado não pode ser efectuado quando as categorias se sobrepõem ou não incluem todas as observações. O último pressuposto era a expetativa de uma grande dimensão da amostra que, neste caso, cumpriu a premissa, uma vez que o estudo testou 433 casos (Diener-West, 2008).

Uma vez que as questões de estudo procuravam estabelecer o grau de relação entre as variáveis dependentes e independentes, foram utilizadas tabelas de contingência para mostrar padrões de relações demonstrados pelas variáveis na análise de tabulação cruzada. A tabulação cruzada é uma distribuição conjunta de frequências de casos com base em duas ou mais variáveis categóricas. Esta apresentação da afetação dos casos pelos seus valores em duas ou mais variáveis é designada por análise de tabelas de contingência (Diener-West, 2008).

As tabelas cruzadas foram utilizadas para mostrar a distribuição das observações das variáveis independentes pelas categorias dos casos das variáveis dependentes (Diener-West, 2008). Na tabela de contingência, as variáveis dependentes foram colocadas nas colunas das tabelas, enquanto as variáveis independentes apareceram nas linhas, e o exame das frequências de incidências da ocorrência de ciberataques através das categorias de variáveis independentes foi utilizado para analisar as tabelas cruzadas.

A utilização de tabelas cruzadas no estudo ajudou a determinar a existência ou não de uma relação sistemática entre as variáveis dependentes e independentes. Também ajudou a definir a natureza e a força da relação entre as variáveis. A natureza, tal como utilizada no contexto da análise, refere-se à descrição da relação entre as variáveis dependentes e independentes. A relação é descrita como positiva ou negativa (Diener-West, 2008). Uma correlação positiva foi determinada como sendo aquela em que o aumento da dinâmica atitudinal no sentido de uma utilização segura da Internet também conduziu a um aumento da segurança e, consequentemente, a uma redução dos incidentes de cibercrimes. Uma relação negativa foi determinada como sendo aquela em que a diminuição das atitudes relativamente à utilização segura da Internet conduziu a um aumento dos incidentes de cibercrime.

Foi utilizada a estatística do qui-quadrado para analisar as relações entre as variáveis.

Antes de utilizar o qui-quadrado, foram tidos em consideração os seguintes pressupostos:

1. O pressuposto da dimensão da amostra: Uma vez que o qui-quadrado é utilizado para determinar a diferença nas proporções das frequências observadas e esperadas, o investigador certificou-se de que a dimensão da amostra era suficientemente grande e igualmente representativa das caraterísticas da amostra (Diener-West, 2008).

2. O pressuposto da independência: Considerando que o Qui-quadrado não pode ser utilizado em dados relacionados, o investigador certificou-se de que cada variável era independente de todas as outras na definição concetual e operacional.

Tendo em conta que a investigação se centrou na explicação das relações entre as variáveis do estudo utilizando dados recolhidos de uma amostra de 433 estudantes na área de Washington DC, os resultados do estudo apenas reflectiram os pontos de vista da amostra utilizada. Tendo em conta este fator, foram aplicados a amostragem intencional e os testes estatísticos do Qui-quadrado, como o Gama e o Lambda, para explicar a significância estatística dos resultados.

A fórmula do Qui-Quadrado utilizada na análise das frequências observadas e esperadas

A estatística do Qui-quadrado de Pearson foi calculada como a soma da diferença ao quadrado entre as frequências observadas (0) e as esperadas (e) ou (o desvio, d), dividido pelos dados esperados em todas as categorias possíveis ou o observado menos o esperado, ao quadrado, e dividido pelo esperado. A fórmula abaixo foi aplicada no cálculo da associação do Qui-quadrado (Diener-West, 2008).

$$X^2 = \sum \frac{(\text{Observed frequency} - \text{Expected frequency})^2}{\text{Expected frequency}}$$

Figura 1. Fórmula estatística do qui-quadrado.

O valor do Qui-quadrado para o teste como um todo é então calculado como a soma do observado menos o esperado, ao quadrado, e dividido pelo esperado. A equação abaixo demonstra como o Qui-quadrado é calculado (Diener-West, 2008).

$$X^2 = \sum \frac{(\text{Observed frequencies} - \text{Expected frequencies})^2}{\text{Expected frequencies}}$$

$$= \sum \frac{(Fo - Fe)^2}{Fe}$$

Figura 2. Fórmula estatística do qui-quadrado expandida.

Justificação para a utilização da estatística do qui-quadrado na investigação

A estatística inferencial é importante porque emprega métodos estatísticos que são concebidos para testar hipóteses que captam relações entre variáveis. Embora a estatística descritiva também ilustre relações entre variáveis, as técnicas de estatística inferencial vão mais longe e demonstram, com a ajuda de um teste estatístico, se existe ou não uma relação entre as variáveis da investigação (Diener-West, 2008).

Como já foi referido anteriormente, foi utilizado no estudo o teste estatístico do Qui-quadrado. Esta escolha foi determinada pela natureza categórica das variáveis e pelo objetivo do estudo, que visava mostrar a natureza e a significância estatística da associação existente entre as variáveis utilizadas (Diener-West, 2008).

Unidade de análise

A unidade de análise do estudo foram os estudantes. Os estudantes foram definidos operacionalmente e categorizados como sendo qualquer pessoa que frequentasse um colégio ou universidade na área de DC e com idade igual ou superior a 8 anos. As categorias de estudantes foram divididas em três grupos. Os que tinham entre 8 e 30 anos foram classificados como estudantes jovens, os que tinham entre 31 e 50 anos foram classificados como estudantes de meia-idade e os que tinham 51 anos ou mais foram classificados como estudantes mais velhos.

Operacionalização e Manipulação das Variáveis Explicação e Manipulação da Variável Segurança da Informação

Como já foi referido na literatura, a segurança da informação foi concetualmente definida no estudo como a salvaguarda da informação e dos sistemas que armazenam e transmitem essa informação (Whitman & Mattord, 2011). Os três principais atributos da segurança da informação considerados na análise das atitudes em relação à segurança na Internet foram a confidencialidade, a integridade e a disponibilidade dos dados (Rhee et al., 2009; Smith, 1989). As ameaças à cibersegurança foram definidas como incidentes de segurança que podem comprometer um ativo informático, resultando assim na ocorrência de uma consequência indesejável (Clarke, 2011; Summers, 1997).

O conceito de prática de segurança da informação foi então utilizado no estudo para explicar as práticas de gestão dos riscos de segurança e as atitudes conscientes de segurança dos utilizadores. A criminalidade informática, que foi o aspeto da segurança em que o estudo se centrou, foi concebida na investigação como qualquer atividade ilegal cometida eletronicamente e que visa a segurança das redes informáticas e dos dados nelas contidos. No sentido lato da palavra, a cibercriminalidade foi utilizada para designar qualquer comportamento ilegal cometido que esteja relacionado com um sistema e uma rede informáticos (Kumar, 2009; Sieber, 2004). Na descrição comum, o cibercrime era então visto como qualquer atividade em que um computador ou uma rede é utilizado como ferramenta, alvo ou local para cometer um crime (Carter, 1995; Charney, 1994).

Os dados de campo obtidos através de um inquérito foram apresentados em tabelas de contingência. Estas tabelas apresentavam as relações entre a utilização do ciberespaço e a segurança, com o objetivo de determinar se os participantes estavam ou não preocupados com a utilização segura do ciberespaço. A variável segurança foi apresentada em categorias para facilitar a comparação e a interpretação. A variável segurança foi operacionalizada numa escala likert de quatro categorias. Estas foram: muito preocupado, um pouco preocupado, pouco preocupado e não preocupado. A pergunta do instrumento utilizada para testar o nível de preocupação dos participantes com a cibersegurança foi a pergunta 8. Por favor, classifique o seu nível de preocupação com a cibersegurança?

O pressuposto subjacente à teoria do estudo era que os utilizadores que têm um nível muito elevado de preocupação com a segurança do acesso à Internet (Do Care Users) têm maior probabilidade de desenvolver traços de atitude que favorecem o acesso seguro à Internet, enquanto os utilizadores com pouca ou nenhuma preocupação (Don't Care Users) com a segurança da Internet têm maior probabilidade de adotar traços de atitude que desfavorecem o acesso seguro à Internet. No entanto, a realidade factual subjacente à premissa teórica acima referida centra-se no facto de os utilizadores sentirem ou não que a segurança é importante ou de se preocuparem com a segurança enquanto utilizam a Internet, uma vez que um ciberataque é prejudicial para a integridade de qualquer rede e pode custar aos utilizadores milhões em perdas.

Embora as variáveis do estudo fossem inicialmente variáveis nominais, o investigador conseguiu manipular algumas e transformá-las em variáveis ordinais, agrupando as respostas em categorias que reflectiam o nível de preocupação de cada utilizador com a segurança. A categoria "alto" descreve uma preocupação muito elevada com a segurança na Internet e a categoria "um pouco" descreve uma preocupação média com a segurança na Internet. A categoria "pouco" expressava uma preocupação muito pequena com a segurança na Internet, enquanto a categoria "não preocupado" explicava nenhuma preocupação com a segurança na Internet.

A categorização acima referida da variável segurança facilitou a apresentação e análise dos dados no capítulo quatro, equiparando a variável preocupação com a segurança a cada variável independente nas tabelas de contingência. Isto facilitou a identificação da segurança como a variável dependente nas colunas e as variáveis nas linhas como as variáveis independentes.

Justificação para a inclusão da variável Segurança da Informação na análise

Dada a importância deste tema que, advém da frequente devastação causada pelos ciberataques, é importante avaliar empiricamente uma compreensão da segurança, considerando os danos que os ciberatacantes injectam nas infra-estruturas económicas e nacionais das nações (Schmidt, 2010). Os cibercriminosos continuam a explorar os ciberutilizadores vulneráveis que foram identificados como o "elo mais fraco" na cadeia de segurança dos sistemas (Sasse & Flecháis, 2005, p. 13). Esta lacuna é real e deve ser colmatada, pois se os utilizadores da Internet permanecerem indiferentes à segurança da Internet, continuarão a ocorrer mais ciberataques (Sasse & Fleshais, 2005), justificando assim a importância da variável segurança.

Explicação e Manipulação da Variável Atitudes Relativas à Utilização da Internet

A atitude foi concetualmente definida no estudo como "uma tendência psicológica expressa pela avaliação de uma determinada entidade com algum grau de favorecimento ou desfavorecimento" (Eagly & Chaiken, 1993, p. 1; Ferguson & Bargh, 2007). A tendência atitudinal para favorecer ou desfavorecer algo exprime-se na forma como as pessoas abordam as coisas, uma vez que as atitudes das pessoas pressupõem a sua ação. A atitude em relação à utilização da Internet, tal como utilizada no estudo, explica os resultados positivos ou negativos que a utilização do ciberespaço tem na segurança da utilização da Internet (Smith et al., 2000). Estas atitudes podem estar relacionadas com a utilização do ciberespaço em geral ou com as suas funções específicas, como a formação em cibersegurança ou o tipo de transação efectuada.

A atitude em relação à utilização da Internet também explica a predisposição do ciberutilizador para favorecer ou desfavorecer a segurança e esta predisposição reflecte a forma como o ciberutilizador aborda a utilização segura da Internet e as funções com ela relacionadas. Se um ciberutilizador tiver uma atitude positiva em relação à formação em cibersegurança, levará a sério a formação, melhorando assim a utilização segura da Internet. A atitude de um ciberutilizador em relação à segurança determina o seu nível de preocupação com a segurança nas TI (Smith et al., 2000).

A atitude dos participantes em relação à cibersegurança foi captada com a pergunta: Considera a segurança da Internet um fator importante da sua atitude de utilização da Internet? Para responder à pergunta, foram dadas opções de sim ou não para ajudar os participantes a indicar a sua atitude em relação à segurança. Os participantes que responderam positivamente a esta pergunta indicaram que têm uma atitude favorável em relação à segurança, o que se reflecte no grau de preocupação que sentiriam em relação à segurança. Os participantes que responderam negativamente à pergunta indicaram que têm uma atitude desfavorável em relação à segurança, o que se reflecte no grau de preocupação que sentiriam em relação à segurança.

Justificação para incluir na análise as atitudes em relação à utilização da Internet

A inclusão da dinâmica atitudinal da utilização da Internet na análise era importante porque o investigador acreditava que os computadores não servem para nada enquanto não forem utilizados por um utilizador e que a tendência para os utilizar de forma segura é determinada pela predisposição do utilizador para a segurança. Com base nesta crença, a disposição operacional de um ciberutilizador em relação ao computador é o que revela se ele se preocupa ou não com a segurança do computador.

No contexto do presente estudo, as predisposições atitudinais dos ciberutilizadores em relação à utilização segura da Internet explicam se se preocupam ou não com a segurança nas TI, uma vez que os que são favoráveis à segurança têm maior probabilidade de manter os seus dados protegidos, enquanto os que não são favoráveis à segurança têm maior probabilidade de utilizar a Internet de uma forma que exponha os seus dados a vírus. Consequentemente, quanto mais confiante um participante estivesse em relação à utilização segura da Internet, mais positiva seria a sua atitude em relação à adoção da Internet e às actividades com ela relacionadas (Garland & Noyes, 2005).

Explicação e manipulação da variável formação em sensibilização para a cibersegurança

Os estudos sobre cibersegurança (Dodge, Carver & Ferfuson, 2007; Eminagaoglu, Ucar

& Eren, 2009; Rezgui & Marks, 2008; Shaw, Chen, Harris, & Huang, 2009) identificam a importância da formação de sensibilização para a cibersegurança como uma atividade importante que indica se um ciberutilizador tem uma atitude positiva ou negativa em relação à utilização e à segurança da Internet. Tal como se observa na literatura sobre cibersegurança (Eminagaoglu etal., 2009), ter uma atitude positiva em relação à formação de sensibilização para a cibersegurança é uma caraterística operacional importante que reforça a segurança na utilização da Internet. Esta atitude positiva em relação à formação em cibersegurança cria a tão necessária cultura de segurança, que é fundamental para a disponibilidade, integridade e confidencialidade dos dados. A variável formação em segurança foi conceptualizada no estudo como o processo formal ou informal que ensina os ciberutilizadores sobre a segurança dos seus bens informáticos.

A formação em sensibilização para a segurança foi definida operacionalmente como uma variável dicotómica com uma opção de resposta "sim" ou "não". Os participantes responderam "sim" ou "não" para indicar se já tinham recebido formação em matéria de cibersegurança. Para os que responderam sim, foi-lhes ainda pedido que indicassem, através da pergunta: se concordavam que a formação em cibersegurança era importante, com categorias de concordo totalmente, concordo um pouco, discordo um pouco, discordo totalmente. A nível da análise, a variável "formação em cibersegurança" foi depois cruzada com a variável "preocupação com a cibersegurança" para determinar a relação entre ambas as variáveis. A justificação para esta tabulação cruzada decorreu de afirmações na literatura que sugerem a existência de uma relação entre a formação em sensibilização para a cibersegurança e a preocupação com a cibersegurança (Rezgui & Marks, 2008).

A variável "formação em cibersegurança" foi inicialmente recolhida através da pergunta: "Alguma vez recebeu formação de sensibilização em cibersegurança? A variável foi também captada como uma variável dicotómica com opções de resposta "Sim" e "Não", como já indicado acima. A resposta "sim" ou "não" mostrava claramente a posição do participante relativamente à variável formação em matéria de sensibilização para a segurança.

Foi ainda perguntado aos participantes que declararam ter recebido formação de sensibilização para a segurança se concordavam que a formação em cibersegurança era importante. Para ajudar os participantes a responder à pergunta, foram dadas as opções de concordo totalmente, concordo um pouco, discordo um pouco e discordo totalmente. Foi também pedido aos participantes que indicassem o tipo de formação que consideravam importante, fornecendo as seguintes opções de formação: formação em engenharia social, formação em antivírus, formação em gestão de palavras-passe e outras. Todas estas categorias identificaram a atitude dos participantes em relação à formação de sensibilização para a cibersegurança e, por conseguinte, ajudaram a analisar e a comparar as respostas de cada participante com a preocupação com a cibersegurança, para determinar se ambas as variáveis estavam ou não relacionadas.

Justificação para a inclusão da formação em sensibilização para a segurança na análise

Como já foi referido, a atitude de um ciberutilizador em relação à formação de sensibilização para a segurança contribui para a postura geral de segurança de um ambiente cibernético, uma vez que determina se o ciberutilizador leva ou não a sério a formação em matéria de segurança, reflectindo assim

na forma como utilizam a Internet. A necessidade de desenvolver *uma* cultura de segurança quando se lida com sistemas informáticos é importante porque a segurança da Internet é um esforço coletivo, uma vez que as acções de cada utilizador afectam os outros utilizadores (Dodge, Carver & Ferfuson, 2007). As acções dos ciberutilizadores que não aplicam a segurança destroem os esforços dos que o fazem, especialmente quando se trata de ataques distribuídos de negação de serviço (DDoS).

O contributo do "fator humano" é o que mais colabora com o contributo técnico para proporcionar o nível de segurança suficiente para proteger uma rede, pois as pessoas e a tecnologia devem trabalhar em conjunto para proteger um sistema. Uma vez que as pessoas desempenham um papel significativo no reforço da segurança num ambiente informático e são também um dos "elos mais fracos da cadeia de segurança" (Sasse & Flechais, 2005, p. 13), é importante desenvolver uma atitude positiva em relação à formação de sensibilização para a cibersegurança, uma vez que ajuda a criar uma cultura de segurança necessária para a disponibilidade, integridade e confidencialidade dos dados. Para proteger adequadamente os activos de informação, a formação deve ser considerada importante e os ciberutilizadores devem compreender as suas funções e responsabilidades na utilização da Internet, bem como seguir as políticas, procedimentos e práticas de segurança e o efeito que essas práticas têm na segurança global do ambiente. Tudo isto explica o facto de a formação em matéria de segurança ter sido incluída na análise.

Explicação e manipulação da variável "IT Savvy

A variável "conhecimentos de TI" foi definida operacionalmente no estudo como um participante que tem conhecimentos sobre a utilização de sistemas de tecnologias da informação ou que tem conhecimentos operacionais sobre a utilização adequada de computadores ou da Internet. A variável conhecimentos de TI foi captada no instrumento de investigação através da pergunta Considera-se conhecedor de TI? Foram dadas opções de resposta do tipo "sim" ou "não" para ajudar os participantes a indicar se se consideravam ou não conhecedores da utilização da Internet. A resposta positiva de um participante à pergunta sobre conhecimentos de TI era importante porque indicava que o participante compreendia as TI e a sua segurança, uma vez que não há TI adequada sem segurança. A pergunta sobre os conhecimentos de informática ao nível da análise foi equiparada à pergunta sobre a preocupação com a cibersegurança no SPSS, para determinar se os participantes com conhecimentos de informática se preocupam ou não com a segurança da Internet e, em caso afirmativo, qual a importância dessa relação.

Justificação para a inclusão da variável "IT Savvy" na análise

A variável conhecimentos de TI foi uma variável fundamental no estudo, porque ajudou a identificar o nível de conforto do participante na utilização de TI, dando-lhe assim a confiança para prosseguir com o inquérito, sabendo que está a lidar com um território familiar. Uma vez que o estudo se centrava na compreensão da relação existente entre a ciber-utilidade e a segurança, a identificação de que se era experiente em TI estabelecia o facto de que o participante compreenderia as perguntas e, por isso, responderia de forma imparcial e na perspetiva de alguém que tem conhecimentos operacionais em TI, ajudando assim a eliminar a possibilidade de o utilizador saltar perguntas por falta de compreensão do que as perguntas significavam. A razão para incluir a pergunta sobre conhecimentos de TI também pode ser explicada pelo tipo de amostra escolhido para o estudo. A amostra é composta por estudantes universitários adultos que utilizam regularmente a Internet. Esta amostra garantiu ao investigador que os conhecimentos operacionais de TI dos participantes os ajudariam a compreender as perguntas e a participar com entusiasmo e franqueza. A pergunta sobre conhecimentos de TI ao nível da análise foi comparada com a variável preocupação com a segurança, para perceber se as pessoas que se sentem à vontade para utilizar a Internet também se preocupam com a segurança da Internet ou não.

Explicação e manipulação da variável Tipo de transação

A variável tipo de transação foi utilizada na investigação para perceber se o tipo de negócio realizado na Internet determinava a preocupação com a segurança. A investigação colocou a questão de saber se o tipo de transação efectuada na Internet determinava a preocupação com a cibersegurança. Foram dadas opções de resposta do tipo sim ou não para ajudar a responder à pergunta. Em seguida, o investigador categorizou a variável e pediu aos participantes que indicassem uma transação para a qual utilizam a Internet. As opções dadas foram: transacções comerciais, transacções financeiras, transacções educativas, transacções relacionadas com a família e outras.

A categorização da variável transação comercial na investigação explicou situações em que um participante utilizou a Internet para fazer compras em linha e necessidades relacionadas. As transacções financeiras abrangeram os casos em que um participante no estudo utilizou a Internet para realizar operações bancárias ou de transferência de dinheiro em linha. As transacções educativas indicavam uma situação em que um participante no estudo utilizava a Internet para aulas ou investigação em linha. As transacções relacionadas com a família abrangeram os casos em que um participante no estudo utilizou a Internet para registar informações relacionadas com a família, como informações sobre a privacidade dos filhos, endereços de casas de família, informações sobre o casamento e a data de nascimento, números da segurança social e outros. Outros abrangeu todas as outras transacções não explicadas acima. Ao nível da análise, a variável tipo de transação foi comparada com a segurança para determinar uma relação.

Justificação para a inclusão do tipo de transação na análise

Determinar o tipo de transação efectuada na Internet era importante porque essa informação indicava se algumas transacções em linha exigiam mais segurança do que outras e, em caso afirmativo, porquê. Embora seja importante que todas as transacções relacionadas com a Internet sejam seguras, a realidade é que a natureza de algumas operações na Web exige naturalmente maior segurança do que outras, especialmente as relacionadas com dinheiro ou informações pessoalmente identificáveis. Embora esta seja a presunção natural, são necessários dados científicos que justifiquem esta afirmação, o que explica a necessidade da variável "tipo de transação".

Explicação e manipulação da variável de perdas financeiras

A variável perda financeira foi definida concetualmente como o custo monetário sofrido devido a uma violação cibernética. A literatura sobre cibersegurança e a sua relação com os activos financeiros sugere que níveis mais elevados de perdas financeiras devido a uma violação cibernética têm uma relação positiva com a preocupação dos utilizadores com a segurança da Internet, e níveis mais baixos de perdas financeiras têm pouca ou nenhuma relação com a preocupação dos utilizadores com a segurança da Internet (Acquisti, Friedman, & Telang, 2006). A variável foi definida operacionalmente como o montante de dinheiro que se perdeu em resultado de um ciberataque. Esta definição de perda financeira sugeria que níveis mais elevados de perda financeira eram mais susceptíveis de levar os utilizadores da Internet a preocuparem-se mais com a segurança durante a utilização da Internet. Consequentemente, quanto maior for o montante da perda financeira, maior será a preocupação da vítima com a segurança da Internet.

Os dados relativos a perdas financeiras foram, em primeiro lugar, captados no inquérito, dando aos participantes a oportunidade de indicarem, através de respostas de "sim" ou "não", se já tinham sido vítimas de perdas financeiras em resultado de cibercrime. Os participantes que responderam "sim" a esta pergunta implicaram uma relação e foi-lhes dada a oportunidade de indicar: qual o custo financeiro associado em que incorreram como resultado da violação cibernética. Foram então dadas aos participantes opções em dólares de \$0 a \$999, \$1.000 a \$4.999, \$5.000 a \$10.000 para os ajudar a indicar o montante de dinheiro que perderam devido a um ciberataque.

Os valores em dólares identificados destinavam-se a ajudar a testar a ideia de que grandes montantes de dinheiro perdidos devido a um ciberataque aumentariam a preocupação com a cibersegurança, em comparação com montantes baixos de dinheiro perdidos devido a um ciberataque. Ao nível da análise, a variável de custo financeiro associada foi então equiparada à variável de preocupação com a cibersegurança no SPSS para determinar se o montante de dinheiro perdido devido a um ciberataque determina a preocupação com a cibersegurança. Como já foi referido, a razão para cruzar a variável segurança com a variável perda financeira foi testar a validade da afirmação de que quanto mais dinheiro um ciberutilizador perde devido a um cibercrime, maior é a sua preocupação com a segurança na Internet.

Justificação para a inclusão de perdas financeiras na análise

A inclusão desta variável na análise do estudo justifica-se pelo facto de a literatura (Acquisti, Friedman, & Telang, 2006) sobre cibersegurança explicar as relações que as perdas financeiras passadas têm no nível de preocupação dos ciberutilizadores com a segurança da Internet. As perdas financeiras resultantes de um ciberataque custam anualmente aos indivíduos e às organizações, só nos Estados Unidos, milhares de milhões de dólares em perdas, pelo que se justifica a inclusão da variável nos modelos analíticos do estudo para quantificar, a nível micro, as relações que tem com os ciberutilizadores que sofreram violações da segurança da Internet com perdas financeiras (Acquisti, Friedman, & Telang, 2006).

Explicação e Manipulação da Variável Nível de Escolaridade

De acordo com o *Oxford Advanced Learners' Dictionary* (Hornsby, 2006), a educação é definida como uma forma de ensinar e aprender, especialmente nas escolas, para melhorar os conhecimentos e desenvolver competências. A variável educação foi definida operacionalmente para denotar o grau académico que qualquer participante tinha adquirido. Esta definição deu aos participantes a oportunidade de se diferenciarem dos outros utilizando as categorias de nível de educação. Esta definição foi necessária porque também deu ao investigador a possibilidade de cruzar as respostas do grau académico de cada participante com o seu nível de preocupação com a segurança na Internet, com o objetivo de verificar se o grau académico adquirido ou o nível de educação tinham alguma relação com o seu nível de preocupação com a segurança na Internet.

O processo de manipulação da variável exigiu que o investigador categorizasse a variável em grau de associado, grau de bacharel, grau de mestre e grau de doutor. As categorias de grau de associado e de bacharelato abrangeram os estudantes de nível universitário e, ao fazê-lo, ajudaram a justificar a utilização desta categoria por Steve Jones (2002) no seu estudo anterior. As categorias também deram ao investigador a possibilidade de cruzar as respostas em relação à preocupação com a segurança na Internet, com o objetivo de determinar se o nível de educação está associado à preocupação com a segurança na Internet.

Justificação para a inclusão do nível de ensino na análise

Steve Jones afirmou no seu estudo - The Internet Goes to College, How Students are Living in the Future with Today's Technology - que 89% dos estudantes universitários não só têm uma atitude positiva em relação à utilização segura da Internet, como também a utilizam primeiro para as suas necessidades académicas e também para necessidades pessoais e sociais, mais do que os seus compatriotas (Steve Jones, 2002). Isto exige não só uma justificação da afirmação que se pretende fazer, mas também ajuda a questionar se a educação determina o nível de preocupação de um ciberutilizador com a segurança.

Explicação e manipulação da variável género

O género foi definido operacionalmente como uma variável multicategorial com três categorias designadas: masculino, feminino e "outro".[1] Esta definição operacional deu a cada participante no inquérito a oportunidade de se identificar e de se diferenciar dos outros de acordo com o seu género, sublinhando assim as ligações que o género tem com a segurança e dando *uma* clara diferenciação entre masculinidade e feminilidade. As categorias masculino, feminino e "outro" não só explicaram melhor a variável, como também deram ao investigador a capacidade de distinguir um género do outro. A categoria masculino foi representada na análise como "a", feminino como "b" e outros como "c". Como variável nominal, as categorizações de género foram utilizadas pelo investigador para determinar se a identidade sexual de uma pessoa desempenhava algum papel na determinação do seu nível de preocupação com a cibersegurança, indicando assim o nível de associação.

Justificação para a inclusão do género na análise

Já no século XIV, a palavra género era utilizada para definir classes de substantivos rotulados como masculinos, femininos ou neutros em algumas línguas. Esta categorização das pessoas como masculinas e femininas representa a existência sexual e, recentemente, incluiu também "outros", como aqueles que se identificam como não sendo masculinos ou femininos. A identidade de género refere-se então ao "sentido que uma pessoa tem de si própria como homem, mulher ou transgénero" (American Psychological Association, 2006, pp. 1 -2).

Em situações em que a identidade de género e o sexo biológico não são 'consistentes',[1] o indivíduo pode identificar-se como 'outro', ou seja, transexual ou qualquer outro género que não seja masculino ou feminino (Gainor, 2000). Esta caraterização das pessoas como homem, mulher e 'outro' faz parte da realidade e não pode ser erradicada, justificando assim a sua relevância para esta investigação. Downs, Ademaj e Schuck (2009) descobriram que os homens são mais propensos a ser vítimas de cibercrime do que as mulheres, o que justifica a necessidade de explorar mais o papel do género na utilização e segurança da Internet, bem como a natureza das relações que aí existem.

Além disso, a introdução da variável género no estudo foi importante porque ajudou a testar a validade de afirmações anteriores de académicos como Bimber (2000), Hargittai e Shafer (2006) e Ono e Zavodny (2003), que afirmaram que os homens, em comparação com as mulheres, têm mais conhecimentos sobre questões de segurança na Internet e não só actualizam o seu software antivírus com mais frequência, como também utilizam bloqueadores de pop-ups quando navegam na Web. O género não só diferenciava os participantes na investigação de acordo com a sua orientação sexual, como também ajudava na análise dos dados, através da tabulação cruzada da variável género com a variável preocupação com a segurança da Internet, para ver se o tipo de género do ciberutilizador determinava ou não o seu nível de preocupação com a segurança da Internet.

Explicação e manipulação da variável idade

A variável idade foi definida operacionalmente no estudo como sendo simplesmente o período de tempo que uma pessoa viveu, ou a sua existência humana, que é medida em anos a partir do nascimento. Numa tentativa de explicar melhor a variável e dar aos inquiridos uma melhor plataforma para responder, o investigador dividiu a variável em categorias de grupos etários distintos. As respostas de cada grupo etário foram cruzadas com a preocupação com a segurança na Internet para ver se a idade tem ou não uma relação com a preocupação com a segurança na Internet. A categorização da variável idade deu aos participantes, que talvez não quisessem identificar sua idade exata e, como resultado, pular a pergunta, a oportunidade de responder à pergunta por meio da identificação de si mesmos dentro das três categorias de idade definidas.

A variável idade foi identificada na pergunta 2 do questionário e, como já foi indicado, foi definida operacionalmente e categorizada em três grupos, nomeadamente 18 a 30 anos, que representava os estudantes mais jovens, 31 a 50 anos, que servia os estudantes de meia-idade e 51 anos ou mais, que representava os estudantes mais velhos. Estas categorizações etárias foram utilizadas pelo investigador para determinar se o grupo etário de uma pessoa tinha ou não alguma relação com o seu nível de preocupação com a segurança da Internet.

Justificação para a inclusão da idade na análise

A justificação para incluir a idade no estudo decorreu do facto de o investigador não só querer perceber se o nível de preocupação dos participantes com a segurança na Internet tinha alguma relação com a sua idade, mas também testar a validade de afirmações anteriores feitas por investigadores sobre a relação que a idade tem com a utilização da Internet. De acordo com Aaron Smith (2014), os idosos nos Estados Unidos, historicamente, não só se atrasam na adoção e utilização segura da tecnologia em comparação com os seus compatriotas mais jovens, como também necessitam de assistência na utilização de novas tecnologias, o que os torna susceptíveis à cibercriminalidade. Esta afirmação carece de justificação, pelo que a variável idade é necessária no estudo. **Explicação e manipulação da variável residência**

A residência de um ciberutilizador foi definida operacionalmente na investigação como o local onde alguém vive. Esta definição foi ainda categorizada em "América urbana" e "América rural" para facilitar aos participantes a utilização da residência para se distinguirem uns dos outros. Esta categorização foi intencional porque deu ao investigador a capacidade de determinar se o local de residência, o domicílio ou o "código postal" de uma pessoa tinha alguma relação com o seu nível de preocupação com a cibersegurança.

De acordo com Araque et al., embora nos Estados Unidos cerca de 85% dos adultos e mais de 90% dos adolescentes utilizem a Internet, algumas zonas mais pobres do país continuam a registar baixas taxas de utilização de computadores em casa em comparação com outras, e muitos definham sem uma ligação à Web (Araque et al., 2012). Esta afirmação justificou a importância de incluir a variável residência no estudo, uma vez que não só testaria a validade da declaração, como também explicaria se as elevadas taxas de cibercrime em bairros pobres do centro da cidade poderiam estar associadas à falta de familiaridade dos utilizadores com os requisitos de segurança da Internet devido à sua incapacidade de ter e utilizar a Internet. As categorias também facilitaram ao investigador a tabulação das respostas de cada participante numa tabela e o cruzamento com o seu nível de preocupação com a segurança da Internet para compreender se a idade determinava o nível de preocupação dos ciberutilizadores com a segurança.

Justificação para a inclusão da residência na análise

O local de residência do ciberutilizador foi utilizado no estudo por várias razões. A primeira razão foi testar se o local de residência de um ciberutilizador tem ou não alguma relação com o nível de preocupação do utilizador com a segurança da Internet. A segunda razão foi testar se as ideias do investigador sobre a relação que a localização do domicílio de um ciberutilizador tem com a sua prática de utilização segura da Internet são corretas ou não. A resposta a estas duas questões era importante, pois ajudaria os funcionários públicos estaduais, locais e federais a afetar os recursos da Internet de forma equitativa nas zonas rurais e urbanas do país e, ao fazê-lo, daria aos cidadãos a oportunidade de se familiarizarem com a utilização segura da Internet para as suas necessidades.

Conclusão

Neste capítulo, apresentam-se a descrição e a justificação dos procedimentos metodológicos utilizados na recolha, tratamento e análise dos dados. Os dados utilizados para o estudo foram recolhidos através de um questionário que foi colocado no SuveyMonkey e posteriormente exportado para o SPSS para ser analisado de acordo com os modelos estatísticos estabelecidos para o estudo.

A definição operacional de cada variável utilizada na investigação realçou o que a investigação pretendia alcançar e também justificou a técnica estatística que foi utilizada para explicar e comparar as variáveis no SPSS. A definição operacional das variáveis também lançou as bases para a análise subsequente no capítulo quatro. No quarto capítulo, o foco é direcionado para a apresentação, análise e descrição das tabelas cruzadas e da apresentação dos dados em tabelas de contingência, bem como para os resultados dos testes estatísticos utilizados no estudo. As estatísticas de qui-quadrado identificaram a natureza da relação, enquanto Lambda e Gamma identificaram a significância da relação identificada.

Capítulo 4: Análise e apresentação dos dados

Introdução

Antes de apresentar e analisar os dados do inquérito, é importante sublinhar o objetivo do estudo. O estudo explorou as atitudes dos estudantes universitários relativamente à utilização e segurança da Internet na área de Washington, DC, numa tentativa de compreender o tipo de relação que existe entre a utilização da Internet e a cibercriminalidade e, em seguida, determinar as melhores práticas que podem ajudar a promover a utilização segura da Internet.

O capítulo quatro apresenta e analisa os dados do inquérito recolhidos através do SuveyMonkey. Para atingir este objetivo, foram utilizadas tabulações cruzadas, gráficos de barras, testes de Qui-quadrado, Lambda e Gamma para explicar o valor e a significância estatística dos efeitos observados nas relações entre as variáveis. As tabulações cruzadas foram igualmente utilizadas para testar as hipóteses de investigação, a fim de compreender a natureza da relação existente entre as variáveis independentes e as variáveis dependentes.

As tabelas cruzadas foram utilizadas para mostrar a distribuição das observações das variáveis independentes pelas categorias dos casos das variáveis dependentes. Nas tabelas, as variáveis dependentes apareceram em colunas, enquanto as variáveis independentes apareceram em linhas. Ao analisar as tabelas cruzadas, as ocorrências de preocupações com a segurança na Internet foram distribuídas pelas categorias de frequências de ocorrências das variáveis independentes.

Descrição da amostra utilizada no estudo

Os critérios de seleção da amostra para este estudo incluíam os seguintes dados demográficos: a) estudantes que utilizam a Internet, b) residem na área metropolitana de

Washington, DC, e c) têm idades compreendidas entre os 8 e os mais velhos. Os participantes do estudo também provinham de todos os estratos sociais, viviam nas zonas urbanas e rurais da área metropolitana de Washington, DC, e incluíam pessoas de todos os géneros e estatutos económicos.

A dimensão da amostra era de 433 participantes e o questionário foi divulgado aos participantes na investigação através do SuveyMonkey, utilizando técnicas de amostragem de julgamento. Para tal, foi necessário inscrever-se e criar um plano profissional com o SuveyMonkey, identificar os critérios de participação no estudo, bem como o número de respostas necessárias para a investigação, efetuar pagamentos para o projeto e fazer com que o SuveyMonkey gerasse e enviasse por correio eletrónico a ligação do inquérito aos participantes que satisfaziam os critérios declarados para a investigação. O inquérito foi então encerrado quando o SuveyMonkey recebeu o número de respostas necessárias para o estudo.

Dados demográficos e descritivos

Para dar uma imagem clara da população utilizada na investigação, foram criadas as seguintes tabelas demográficas para descrever a amostra. Observando a Tabela 1, abaixo, nota-se que 42,8% (185) dos participantes tinham entre 31 e 50 anos de idade, enquanto os outros 57,2% dos participantes estavam divididos quase igualmente entre os grupos mais jovens e mais velhos: 29,9% (129) entre 18 e 30 anos de idade e 27,3% (118) com 51 anos ou mais.

Quadro 1

Idade dos participantes

Que idade tens?		Contagem	Coluna N %
Que idade tens?	18-30	129	29.9%
	31-50	185	42.8%

| | 51 anos ou mais | 118 | 27.3% |
| | Total | 432 | 100.0% |

De acordo com a Tabela de Género 2 abaixo, é evidente que havia menos participantes do sexo masculino 44,0% (190), do que do sexo feminino 55,1% (238). Just 0.9% (4) of the study participants fell into the 'other' category, meaning either lesbian, gay, bisexual, transgender, or queer.

Quadro 2

Descrição do género

Qual é o seu género?		Contagem	Coluna N %
Qual é o seu género?	Masculino	190	44.0%
	Feminino	238	55.1%
	Outros	4	0.9%
	Total	432	100.0%

A partir do nível de habilitações da Tabela 3 abaixo, é evidente que a amostra do estudo tem um elevado nível de habilitações. Cinquenta e seis por cento (242) dos participantes no estudo eram estudantes com o grau de mestre, 5,3% (23) dos participantes no estudo eram estudantes com o grau de doutor, 29,4% tinham o grau de bacharel e 9,3% tinham o grau de associado.

Quadro 3

Nível de ensino Descrição

Qual é o seu nível de formação?		Contagem	Coluna N %
Qual é o seu nível de formação?	Grau de associado	40	9.3%
	Bacharelato	127	29.4%
	Mestrado	242	56.0%
	Doutoramento	23	5.3%
	Total	432	100.0%

Analisando o local de residência no Quadro 4, verifica-se que a maioria dos 81% (349) dos participantes no estudo são residentes nas zonas urbanas de Washington, DC, enquanto apenas 18,8% (81) dos participantes no estudo vivem nas zonas rurais da área metropolitana de DC.

Quadro 4

Descrição da localização da residência

Qual é o seu local de residência?		Contagem	Coluna N %
Qual é a sua residência?	América urbana	349	81.2%
	América rural	81	18.8%
	Total	430	100.0%

Análise da amostra em relação às respostas ao instrumento de investigação

Para estabelecer as bases necessárias para uma fácil compreensão dos resultados do estudo, é importante efetuar um exame aprofundado da população da amostra da investigação em comparação com as respostas apresentadas no instrumento de investigação. A necessidade de analisar as respostas do questionário antes de interpretar as tabelas cruzadas no SPSS deve-se ao facto de nos ajudar a: 1) explicar os eventuais valores de efeito Lambda e Gama que serão obtidos; 2) racionalizar o tipo de significância ou força dos resultados eventualmente obtidos a partir dos testes Qui-quadrado, lambda e gama; 3) explicar as questões de contagem de células esperadas que podem ser levantadas no Qui-quadrado; e 4) dar pistas sobre o que os participantes sentem em relação a cada pergunta e à preocupação com a segurança na Internet em questão.

Para recordar, o estudo centrou-se numa amostra de estudantes universitários da área de Washington, DC, com o objetivo de compreender as diferenças de atitude na utilização e segurança da Internet e de compreender a relação entre a utilização da Internet e a cibercriminalidade.

Uma análise mais aprofundada do instrumento de investigação indica um desejo de compreender a importância da segurança na Internet, utilizando variáveis independentes como a formação de sensibilização para a cibersegurança, o conhecimento das tecnologias da informação, o tipo de negócio realizado na Internet, o montante associado às perdas financeiras decorrentes da cibercriminalidade, o nível de educação, a idade, o sexo e o local de residência.

Embora algumas das perguntas do questionário tenham sido concebidas para fins de ênfase e, por conseguinte, não tenham sido incluídas na análise de tabulação cruzada no SPSS, revelaram, no entanto, indicações valiosas que ligam a amostra do estudo à natureza dos resultados obtidos, mesmo antes de as variáveis serem comparadas entre si no SPSS.

Para além do facto de a amostra da investigação ter sido escolhida entre uma população de elite, a pergunta - *Considera-se conhecedor de TI?* - revelou que a população da amostra também tinha conhecimentos de informática, uma vez que 98,6% dos participantes indicaram que são conhecedores de TI, como se pode ver no Quadro 5 abaixo.

Quadro 5

Participantes que indicam ter conhecimentos de TI

Considera-se conhecedor de informática?				
		Frequência	Percentagem	Percentagem válida	Acumulado Percentagem
Válido	Sim	426	98.4	98.6	98.6
	Não	6	1.4	1.4	100.0
	Total	432	99.8	100.0	
Em falta	Sistema	1	.2		
Total		433	100.0		

Esta percentagem elevada prepara o terreno para uma eventual justificação dos resultados do estudo.

Esta justificação é também solidificada pelo facto de 99,5% dos participantes na investigação também considerarem a segurança da Internet um fator importante da sua atitude em relação à ciber-utilização, tal como indicado pelas respostas no Quadro 6 abaixo.

Quadro 6

Participantes que indicam a segurança da Internet como um fator importante

Considera que a segurança da Internet é um fator importante na sua atitude de utilização da Internet?					
		Frequência	Percentagem	Percentagem válida	Percentagem acumulada
Válido	Sim	430	99.3	99.5	99.5
	Não	2	.5	.5	100.0
	Total	432	99.8	100.0	
Em falta	Sistema	1	.2		
Total		433	100.0		

Para corroborar o facto de a amostra não ser apenas alfabetizada, ter conhecimentos de informática e considerar necessária a segurança na Internet, 93% da amostra indicou uma atitude favorável em relação à segurança, uma vez que declarou estar muito preocupada com a cibersegurança, como se pode ver nas respostas à pergunta 8 do questionário e no Quadro 7 abaixo.

Quadro 7

Preocupação com a classificação de segurança

Avalie a sua preocupação com a segurança.					
		Frequência	Percentagem	Percentagem válida	Percentagem acumulada
Válido	Pouco preocupado	5	1.2	1.2	1.2
	Um pouco preocupado	25	5.8	5.8	7.0
	Altamente preocupado	401	92.6	93.0	100.0
	Total	431	99.5	100.0	
Desaparecido	Sistema	2	.5		
Total		433	100.0		

É também importante destacar das respostas à pergunta "*Avalie a sua preocupação com a segurança*" que, embora 72,7% dos participantes tenham assinalado que utilizam a Internet sobretudo para transacções financeiras, 99,1% deles consideraram que o tipo de transação para a qual utilizam a Internet determinava a sua preocupação com a segurança na Internet. Veja os quadros 8 e 9 abaixo.

Quadro 8

Internet mais utilizada para que transação

Da lista que se segue, indique uma transação para a qual utiliza principalmente a Internet.				
		Frequência	Percentagem	Percentagem válida	Percentagem acumulada
Válido	Outros (especificar)	1	.2	.2	.2
	Transação comercial	70	16.2	16.2	16.4
	Transacções financeiras	314	72.5	72.7	89.1
	Transacções educativas	17	3.9	3.9	93.1
	Transação relacionada com a família	30	6.9	6.9	100.0
	Total	432	99.8	100.0	
Desaparecido	Sistema	1	.2		
Total		433	100.0		

Quadro 9

Transacções na Internet determinam a preocupação com a segurança na Internet

O tipo de transação para a qual utiliza principalmente a Internet determina a sua preocupação com a segurança na Internet?				
		Frequência	Percentagem	Percentagem válida	Percentagem acumulada
Válido	Sim	428	98.8	99.1	99.1
	Não	4	.9	.9	100.0
	Total	432	99.8	100.0	
Em falta	Sistema	1	.2		
Total		433	100.0		

Mesmo antes de comparar as variáveis no SPSS, as percentagens acima obtidas a partir das respostas ao questionário já indicam que os participantes no estudo estão preocupados com a segurança e têm uma atitude favorável em relação à segurança, especialmente quando utilizam a Internet para transacções financeiras. Esta elevada percentagem de preocupação com a segurança quando se utiliza a Internet para uma transação financeira é justificada pelo facto de 94% dos participantes terem indicado que tinham sido vítimas de cibercrime, especialmente de vírus informáticos, com uma taxa de 54,2%. Ver os quadros 10 e 11 abaixo.

Quadro 10

Participantes que indicaram ser vítimas de cibercrime ou de burla

Ao utilizar a Internet, já foi vítima de cibercrime ou de burla?				
	Frequência	Percentagem	Percentagem válida	Percentagem acumulada
Válido Sim	406	93.8	94.0	94.0
Não	26	6.0	6.0	100.0
Total	432	99.8	100.0	
Sistema em falta	1	.2		
Total	433	100.0		

Quadro 11

Tipo de cibercrime sofrido

Em caso afirmativo, de que tipo de cibercrime foi vítima?					
		Frequência	Percentagem	Percentagem válida	Percentagem acumulada
Válido	Desfalque	3	.7	.7	.7
	Fraude	25	5.8	6.1	6.9
	Roubo	115	26.6	28.2	35.0
	Vírus informático	221	51.0	54.2	89.2
	Sabotagem	4	.9	1.0	90.2
	Negação de serviço	5	1.2	1.2	91.4
	Violação de sistemas informáticos	35	8.1	8.6	100.0

	Total	408	94.2	100.0	
Em falta	Sistema	25	5.8		
Total		433	100.0		

É igualmente importante sublinhar, a partir das respostas ao questionário, que 97,7% dos participantes no estudo não só reconheceram ter recebido formação em cibersegurança, como também 68,4% concordaram fortemente que a formação em cibersegurança é essencial, especialmente a formação em antivírus, com uma taxa de apoio de 61,1% à formação em antivírus. Os quadros 12, 13 e 14 indicam claramente este facto.

Quadro 12

Participantes que indicaram formação em cibersegurança

Já fez alguma formação em cibersegurança?					
		Frequência	Percentagem	Percentagem válida	Percentagem acumulada
Válido	Sim	418	96.5	97.7	97.7
	Não	8	1.8	1.9	99.5
	Indecisos	2	.5	.5	100.0
	Total	428	98.8	100.0	
Em falta	Sistema	5	1.2		
Total		433	100.0		

Quadro 13

Participantes que indicam que a formação de sensibilização para a cibersegurança é importante

Concorda que a formação de sensibilização para a cibersegurança é importante?					
		Frequência	Percentagem	Percentagem válida	Percentagem acumulada
Válido	Discordo totalmente	2	.5	.5	.5
	Discordo um pouco	9	2.1	2.1	2.6
	Concordo um pouco	122	28.2	29.0	31.6
	Concordo plenamente	288	66.5	68.4	100.0
	Total	421	97.2	100.0	

Em falta	Sistema	12	2.8		
	Total	12	2.8		
Total		433	100.0		

Quadro 14

Tipo de formação de sensibilização para a cibersegurança considerada importante

Se considera que a formação de sensibilização para a cibersegurança é importante, que tipo de formação considera importante?					
		Frequência	Percentagem	Percentagem válida	Percentagem acumulada
Válido	Outros (especificar)	7	1.6	1.7	1.7
	Formação em engenharia social	136	31.4	32.1	33.7
	Formação antivírus	259	59.8	61.1	94.8
	Passar a formação em gestão de palavras	22	5.1	5.2	100.0
	Total	424	97.9	100.0	
Em falta	Sistema	9	2.1		
Total		433	100.0		

As respostas obtidas da população da amostra retratam participantes com formação, com conhecimentos de TI, com uma atitude favorável em relação à segurança da Internet, especialmente quando esta é utilizada para transacções financeiras, e que conhecem a importância da formação de sensibilização para a cibersegurança, tendo também eles próprios participado nessa formação. Estas escolhas da população da amostra acabarão por determinar a natureza dos resultados do estudo quando as variáveis forem comparadas entre si numa análise de tabulação cruzada e, ao fazê-lo, justificarão a necessidade de continuar a investigar este tópico utilizando amostras, variáveis e metodologias diferentes.

Análise e interpretação das tabelas cruzadas

A análise e interpretação dos dados do inquérito foram determinadas pelos seguintes objectivos: 1) compreender se existe uma relação entre as variáveis do estudo. 2)

Determinar a força e o significado dessa relação. Para alcançar esta tarefa, foi utilizada uma miríade de ferramentas estatísticas para testar a relação, e a escolha dos testes utilizados foi determinada pelo desenho da investigação.

Considerando que as variáveis eram nominais ou ordinais, foram utilizados testes de Qui-quadrado e outros testes não paramétricos como Lambda e Gamma para verificar a hipótese nula e examinar os dados distribuídos em tabelas de contingência. Para uma determinação eficaz da significância estatística, foi adotado um nível de confiança de 95%, com 5% de probabilidade de erro, estabelecendo-se assim um valor alfa ou p-value de 0,05. Esse nível alfa foi aceitável porque minimizou o risco de rejeitar a hipótese nula, caso ela fosse verdadeira.

Para realçar o objetivo do estudo, é feita uma recapitulação das questões de investigação. Este estudo de investigação foi concebido para responder às seguintes questões.

RQ1. Existe uma relação entre a atitude dos utilizadores relativamente à importância da formação de sensibilização para a cibersegurança e o seu nível de preocupação com a cibersegurança?

RQ2. Existe uma relação entre o facto de os utilizadores se considerarem conhecedores de TI e o seu nível de preocupação com a cibersegurança?

RQ3. Existe uma relação entre o tipo de transação para a qual o utilizador utiliza maioritariamente a Internet e o seu nível de preocupação com a cibersegurança?

RQ4. Existe uma relação entre o montante das perdas financeiras sofridas devido a uma violação cibernética e o nível de preocupação com a cibersegurança?

RQ5. Existe uma relação entre o nível de escolaridade do utilizador da Internet e o seu nível de preocupação com a cibersegurança?

RQ6. Existe uma relação entre o género do utilizador da Internet e o seu nível de preocupação com a cibersegurança?

RQ7. Existe *uma* relação entre a idade do utilizador da Internet e o seu nível de preocupação com a cibersegurança?

RQ8. Existe uma relação entre o local de residência do utilizador da Internet e o seu nível de preocupação com a cibersegurança?

Tabulação cruzada da formação em sensibilização para a cibersegurança e da preocupação com a cibersegurança

A questão do incumprimento da política de segurança da informação é uma das principais preocupações dos proprietários de sistemas e dos líderes organizacionais devido ao perigo que representa para a segurança dos dados. O incumprimento da segurança por parte dos ciberutilizadores levou os dirigentes a investir enormes quantidades de recursos para melhorar o cumprimento da segurança da informação. Uma das formas propostas pelos académicos para resolver o problema das ciberameaças é a formação de sensibilização para a cibersegurança, mas os estudos existentes sobre a importância da formação para promover a conformidade com a política de segurança da informação não utilizam o feedback dos ciberutilizadores. Esta falta de informação por parte dos ciberutilizadores fez com que muitos programas de formação de sensibilização para a cibersegurança fossem ineficazes na sua tentativa de resolver o risco colocado pela não conformidade da segurança (Puhakainen & Siponen, 2010).

A urgência desta questão explica a importância de incluir a questão da formação de sensibilização para a cibersegurança no inquérito que foi apresentado aos participantes na investigação. A variável formação em matéria de sensibilização para a segurança foi também incluída para compreender o papel que a formação desempenha na aplicação da segurança, tendo em conta que alguns académicos defendem que a formação é um fator determinante para o reforço da segurança. A tabela de síntese do processamento de casos abaixo foi utilizada para dar uma explicação geral sobre o número de participantes que responderam às perguntas sobre formação e segurança e o número de participantes que não responderam à pergunta. Veja o quadro abaixo.

Quadro 15

Processamento de casos Quadro-resumo da formação de sensibilização para a cibersegurança e preocupação com a cibersegurança

Resumo do processamento do caso						
	Casos					
	Válido		Em falta		Total	
	N	Percentagem	N	Percentagem	N	Percentagem
Concorda que a formação de sensibilização para a cibersegurança é importante? * Classifique a sua preocupação com a segurança.	422	97.5%	11	2.5%	433	100.0%

O quadro 15 do resumo do tratamento de casos acima apresentado destaca os casos de participação válidos, em falta e totais. De um total de 433 participantes, 422 responderam à pergunta, tendo sido registados 11 casos em falta. Uma vez que a tabela de resumo do processamento de casos não comparava as variáveis, foram utilizadas tabelas cruzadas, como se pode ver na Tabela 1 abaixo.

O quadro 16 apresenta uma tabela cruzada das opiniões dos participantes sobre a importância da formação de sensibilização para a cibersegurança e as suas preocupações com a segurança da informação. Esta análise foi considerada relevante para o presente estudo devido ao papel crescente da formação em sensibilização para a cibersegurança na literatura sobre segurança da informação. Neste sentido, a análise teve como objetivo testar a noção de que quanto mais um ciberutilizador considerar importante a formação em ciberconsciência, maior será a sua preocupação com a segurança da informação. 422

participantes no estudo responderam às perguntas sobre a importância da formação de sensibilização para a segurança e a preocupação com a segurança da informação. 95,5% (274) dos participantes no estudo que concordaram fortemente que a formação de sensibilização para a cibersegurança era importante estavam muito preocupados com a segurança da Internet quando navegavam na Web. 91,8 % (112) dos participantes que concordaram um pouco com a importância da formação de sensibilização para a cibersegurança também estavam muito preocupados com a segurança da Internet quando navegavam na Web. Curiosamente, 76,9 %(10) dos participantes que discordaram ligeiramente da importância da formação em cibersegurança estavam muito preocupados com a segurança da Internet quando navegavam na Web.

A partir destes resultados, concluiu-se que, embora a segurança da Internet seja de importância crucial para todos os ciberutilizadores, a maioria dos utilizadores que têm uma opinião muito positiva sobre a segurança da Internet também considera importante a necessidade de formação de sensibilização para a cibersegurança. Esta conclusão corrobora o argumento de alguns ciberacadémicos de que a formação de sensibilização para a segurança dos utilizadores de TI é fundamental para manter um sistema de informação seguro ((Brodie, 2008; Emmagaoglu et al., 2009; NIST, 1993).

Quadro 16

Tabela de contingência da formação de sensibilização para a cibersegurança e preocupação com a segurança.

Concorda que a formação de sensibilização para a cibersegurança é importante? * Classifique a sua preocupação com a segurança.							
			Avalie a sua preocupação com a segurança.				
			Não está em causa	Pouco preocupado	Um pouco preocupado	Altamente preocupado	Total
Concorda que a formação de	Discordo um pouco	Contagem	0	0	3	10	13
formação de		% dentro da linha	0.0%	0.0%	23.1%	76.9%	100.0%

sensibilização para a cibersegurança é importante?		% dentro da coluna.	0.0%	0.0%	15.0%	2.5%	3.1%
	Concordo um pouco	Contagem	1	2	7	112	122
		% dentro da linha	0.8%	1.6%	5.7%	91.8%	100.0%
		% dentro da coluna.	100.0%	40.0%	35.0%	28.3%	28.9%
	Concordo plenamente	Contagem	0	3	10	274	287
		% dentro da linha	0.0%	1.0%	3.5%	95.5%	100.0%
		% dentro da coluna.	0.0%	60.0%	50.0%	69.2%	68.0%
Total		Contagem	1	5	20	396	422
		% dentro da linha	0.2%	1.2%	4.7%	93.8%	100.0%
		% dentro da coluna.	100.0%	100.0%	100.0%	100.0%	100.0%

Para analisar os resultados em termos gráficos, foi elaborado o seguinte gráfico de barras Figura 3 para descrever a distribuição das frequências das opiniões dos participantes sobre a importância da formação de sensibilização para a cibersegurança e as preocupações dos participantes com a segurança na Internet. A variável formação de sensibilização para a segurança encontra-se no eixo x do gráfico, enquanto a variável preocupação com a segurança se encontra no eixo y do gráfico.

O gráfico corrobora a análise apresentada nas tabelas cruzadas acima, salientando que a maioria dos ciberutilizadores, apesar do seu estatuto de formação em cibersegurança, considera que a segurança é uma preocupação para eles quando utilizam a Internet. Veja-se o gráfico de barras da Figura 3 abaixo.

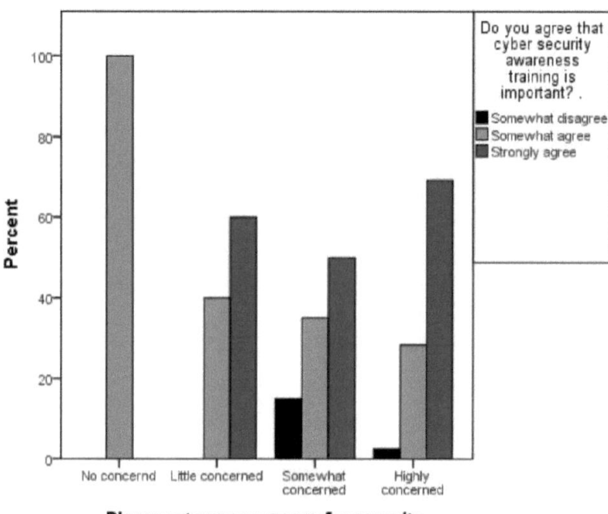

Figura 3. Formação de sensibilização para a cibersegurança e preocupação com a segurança.

Embora a tabela de contingência e o gráfico de barras acima tenham analisado e descrito as avaliações dos participantes sobre o tipo de relação que existe entre as variáveis, é, no entanto, necessária uma análise robusta para determinar o nível de significância estatística, bem como a força da significância. O teste de significância estatística e a força da relação foram estabelecidos utilizando o teste de associação Qui-quadrado e Lambda. O teste de independência do Qui-quadrado de Pearson, representado no Quadro 17, foi configurado no SPSS para verificar o nível de significância estatística da relação entre a formação em sensibilização para a cibersegurança e a preocupação com a segurança. A relação entre estas variáveis foi significativa, o que é justificado pelo valor de $p<.031$. Os resultados indicam que existe uma relação evidente entre a formação em cibersegurança e a segurança.

O *valor p* obtido foi inferior ao limite alfa ideal aceite de 0,05. Esta conclusão justificou a hipótese alternativa que apoiava a existência de uma relação entre a formação de sensibilização para a cibersegurança e a preocupação com a segurança. Com base nesta constatação, a hipótese nula deste estudo foi rejeitada. Os resultados são os seguintes:

$$X^2 \ (6, \ N{=}422){=} \ 13{,}839, \ p{<}.031.$$

Quadro 17

Pearson Chi-square Statistics of Cybersecurity Awareness Training and Concern for Security (Estatísticas do qui-quadrado de Pearson sobre formação em sensibilização para a cibersegurança e preocupação com a segurança).

Testes de qui-quadrado			
	Valor	df	Significância assintótica (2sided)
Qui-quadrado de Pearson	13.839ᵃ	6	.031
Rácio de verosimilhança	9.608	6	.142
Associação linear por linear	5.275	1	.022
N de casos válidos	422		
a. 7 células (58,3%) têm uma contagem esperada inferior a 5. A contagem mínima esperada é 0,03.			

Embora a estatística do teste do qui-quadrado mostrasse indícios de uma relação entre a formação de sensibilização para a cibersegurança e a preocupação com a segurança na Internet, nada sugeria que os participantes no inquérito que tinham uma elevada preocupação com a formação em cibersegurança também tinham uma elevada preocupação com a segurança na Internet. Para testar a força da associação, foi utilizada a estatística de teste Lambda. A Tabela Lambda 18 abaixo produziu um valor de 0,006, que foi considerado demasiado baixo para reduzir as hipóteses de erro na previsão confiante de que os mesmos resultados se poderiam aplicar a outros casos, sugerindo assim uma relação fraca ou insignificante entre as variáveis. Veja a Tabela Lambda 18 abaixo.

Quadro 18

Teste Lambda de associação de variáveis

Medidas direcionais			Valor	Erro padrão assintótico	T aproximado[b]	Significado aproximado
Nominal por Nominal	Lambda	Simétrico	.006	.006	1.001	.317
		Concorda que a formação de sensibilização para a cibersegurança é importante? Dependente	.007	.007	1.001	.317
		Avalie a sua preocupação com a segurança. Dependente	.000	.000	,[c]	,[c]
	Goodman e Kruskal tau	Concorda que a formação de sensibilização para a cibersegurança é importante? Dependente	.011	.007		,147[d]
		Avalie a sua preocupação com a segurança. Dependente	.020	.022		,000[d]

a. Não assumir a hipótese nula.

b. Utilizando o erro padrão assintótico assumindo a hipótese nula.

c. Não pode ser calculado porque o erro padrão assintótico é igual a zero.

d. Com base na aproximação do qui-quadrado

Tabulação cruzada entre o facto de os ciberutilizadores se considerarem conhecedores de TI e a sua preocupação com a cibersegurança

A variável conhecimentos de TI foi importante porque garantiu que os participantes do estudo tinham ou não conhecimentos de TI, determinando assim se se sentiam à vontade para participar num inquérito relacionado com TI ou não. A variável conhecimento de TI também ajudou a explicar se o conhecimento de TI está necessariamente ligado à preocupação com a segurança ao usar a Internet ou não. Para entender se os participantes tinham conhecimento de TI ou não, foi feita uma pergunta: Considera-se conhecedor de TI? Foram dadas aos participantes opções de sim ou não para ajudar a responder à pergunta. As respostas à pergunta sobre conhecimentos de TI foram então comparadas com as respostas à pergunta sobre preocupação com a segurança no SPSS para compreender a relação entre as duas variáveis. Foram elaboradas tabelas cruzadas para descrever a relação observada, enquanto a análise do qui-quadrado foi utilizada para explicar a importância da relação. A tabela de resumo do processamento de casos abaixo foi utilizada para dar uma imagem geral do número de participantes no inquérito e do número de pessoas que responderam ou omitiram a pergunta.

Quadro 19

Quadro recapitulativo do processamento de casos de utilizadores cibernéticos que se consideram conhecedores de TI e preocupados com a cibersegurança

<table>
<tr><td colspan="7" align="center">Resumo do processamento do caso</td></tr>
<tr><td rowspan="3"></td><td colspan="6" align="center">Casos</td></tr>
<tr><td colspan="2" align="center">Válido</td><td colspan="2" align="center">Em falta</td><td colspan="2" align="center">Total</td></tr>
<tr><td align="center">N</td><td>Percentagem</td><td align="center">N</td><td>Percentagem</td><td align="center">N</td><td>Percentagem</td></tr>
<tr><td>Considera-se conhecedor de informática? * Avalie a sua preocupação com a segurança.</td><td>432</td><td>99.8%</td><td>1</td><td>0.2%</td><td>433</td><td>100.0%</td></tr>
</table>

O quadro resumo do tratamento de casos acima apresentado indica que, de um total de 433 participantes no inquérito, 99,8% (432) responderam efetivamente à pergunta, tendo sido registada uma taxa de 0,2% (1) de respostas em falta. Uma vez que o objetivo da tabela de resumo do processamento de casos não era explicar os resultados obtidos a partir da comparação das variáveis entre si, foi necessário um teste de tabulação cruzada mais robusto para revelar o que acontece quando as variáveis são equiparadas entre si em tabelas de contingência. Veja-se a tabela de tabulação cruzada 20 abaixo.

Tabela 20

Tabela de contingência do facto de os ciberutilizadores se considerarem conhecedores de TI e se preocuparem com a cibersegurança

<table>
<tr><td colspan="3" align="center">Considera-se conhecedor de informática? * Avalie a sua preocupação com a segurança.</td></tr>
<tr><td></td><td align="center">Avalie a sua preocupação com a segurança.</td><td>Total</td></tr>
</table>

			Não está em causa	Pouco preocupado	Um pouco preocupado	Altamente preocupado	
Considera-se conhecedor de informática?	Sim	Contagem	1	5	24	396	426
		% dentro da linha	0.2%	1.2%	5.6%	93.0%	100.0%
		% dentro da coluna.	100.0%	100.0%	96.0%	98.8%	98.6%
	Não	Contagem	0	0	1	5	6
		% dentro da linha	0.0%	0.0%	16.7%	83.3%	100.0%
		% dentro da coluna.	0.0%	0.0%	4.0%	1.2%	1.4%
Total		Contagem	1	5	25	401	432
		% dentro da linha	0.2%	1.2%	5.8%	92.8%	100.0%
		% dentro da coluna.	100.0%	100.0%	100.0%	100.0%	100.0%

O quadro 20 apresenta uma tabela de referência cruzada entre o que os participantes pensam sobre os seus conhecimentos de informática e as suas preocupações com a segurança da informação. Esta análise foi considerada relevante devido à necessidade de os ciberutilizadores terem conhecimentos de informática antes de utilizarem o computador. Estas análises centraram-se em testar a opinião de que os ciberutilizadores que têm conhecimentos de informática se preocupam mais com a segurança quando utilizam a Internet do que os que não têm. 432 participantes responderam às perguntas sobre conhecimentos de informática e preocupação com a segurança da informação. 93,0% (396) dos participantes no estudo que afirmaram ter conhecimentos de TI também indicaram que estavam muito preocupados com a segurança quando navegavam na Web. Apenas 0,2% (1) dos participantes que indicaram ter conhecimentos de TI afirmaram não ter qualquer preocupação com a segurança quando utilizam a Internet. 83,3% (5) dos participantes que não tinham conhecimentos de TI também disseram que estavam muito preocupados com a segurança. Nenhum dos participantes que não tinham conhecimentos de TI disse que não se preocupava com a segurança quando navegava na Web.

Embora as tabelas cruzadas tenham comparado as variáveis, os resultados não foram apresentados em formato de gráfico. Para criar uma imagem gráfica da relação, a representação gráfica do SPSS foi configurada para produzir o gráfico de barras da Figura

4 abaixo. A variável independente foi colocada no eixo x do gráfico, enquanto a variável

dependente foi colocada no eixo y.

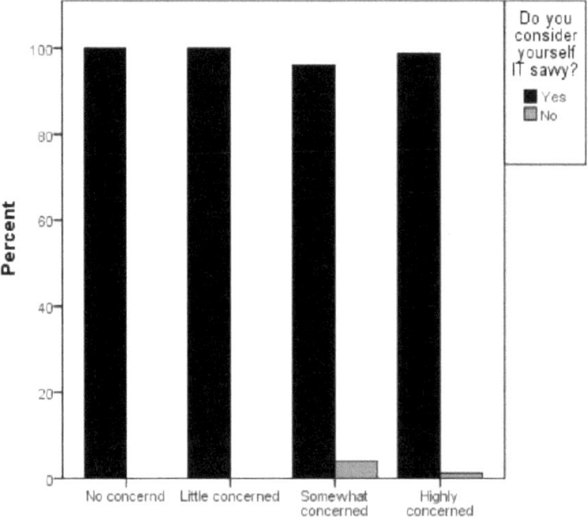

Figura 4. Os ciberutilizadores consideram-se conhecedores de TI e preocupam-se com a

cibersegurança.

Os resultados do gráfico de barras representados na Figura 4 acima validam os resultados

da tabela cruzada, afirmando que a maioria dos participantes, independentemente de se

considerarem ou não conhecedores de TI, estavam muito preocupados com a segurança

nas TI.

Antes de analisar a força e a direção dos resultados, é importante examinar as opiniões

dos académicos sobre a baixa contagem esperada de células no Qui-quadrado. Esta

análise é necessária e explica todas as situações em que o Qui-quadrado alerta para uma

baixa contagem de células esperadas no estudo. A literatura aborda a questão da contagem

baixa de células esperadas no teste do Qui-quadrado a partir de pontos de vista

contraditórios, pelo que académicos como Cochran (1954) mantêm diretrizes

excessivamente conservadoras sobre a questão, insistindo que as contagens baixas de células esperadas no Qui-quadrado são inaceitáveis em todos os casos. Embora as preocupações de Cochran estejam de acordo com os pressupostos do Qui-quadrado, investigadores como Agresti (1990) afirmam que tais estipulações não só são intrincadas como improváveis, uma vez que é improvável esperar que uma única regra explique todos os casos, uma vez que os estudos com amostras de grandes dimensões, como neste estudo, continuam por vezes a ter avisos de contagem de células esperadas, justificando assim o facto de alguns investigadores não considerarem isso demasiado problemático (Agresti, 1990; Cochran, 1954).

Além disso, Conover (1999) concorda com Agresti e argumenta que a "regra geral" de Cochran sobre o tamanho da contagem esperada de células não só é demasiado conservadora como não reconhece que o tamanho da contagem esperada pode ser "tão pequeno como 0,5, desde que a maioria seja superior a 1,0, sem pôr em perigo a validade do teste" (Conover, 1999, p. 202; ver também Cochran, 1954; Agresti, 1990). Cochran, que é conhecido por ser um firme defensor de níveis elevados de contagem esperada de células no Qui-quadrado, flexibilizou a sua regra dizendo que, desde que a contagem esperada seja inferior a 1 Qui-quadrado, os resultados são válidos (1954). Apesar destas opiniões, o módulo do teste exato de Fisher do SPSS é utilizado por alguns investigadores para explicar o valor *p* do *qui-quadrado* em situações em que a dimensão da amostra é baixa, o que não é verdade neste caso.

O teste de independência do Qui-quadrado de Pearson, apresentado na Tabela 21, foi também configurado no SPSS para verificar o nível de significância estatística da relação entre ter conhecimentos de TI e ter preocupação com a segurança. A relação entre essas variáveis não foi significativa, como mostra o valor de significância assintótica de *p* .708.

O valor p obtido de *p* .708 foi superior ao limite alfa aceite de .05. Esta conclusão não justificou a hipótese alternativa de que existe uma relação estatística entre ter conhecimentos de informática e preocupar-se com a segurança. Por conseguinte, a hipótese alternativa foi rejeitada e a hipótese nula foi aceite, uma vez que havia provas de que não existia qualquer relação entre ter conhecimentos de informática e ter preocupações com a segurança. Ter conhecimentos de TI não era uma condição necessária para ter preocupações com a segurança. Os resultados são os seguintes:

$$X^2 (3, N=432) = 1,388, p\ .708.$$

Quadro 21

Estatísticas do qui-quadrado de Pearson sobre a preocupação com a segurança e o facto de os ciberutilizadores se considerarem conhecedores de TI.

Testes de qui-quadrado			
	Valor	df	Significância assintótica (2sided)
Qui-quadrado de Pearson	1.388[a]	3	.708
Rácio de verosimilhança	1.056	3	.788
Associação linear por linear	.321	1	.571
N de casos válidos	432		
a. 5 células (62,5%) têm uma contagem esperada inferior a 5. A contagem mínima esperada é 0,01.			

Tabulação cruzada entre o tipo de transação para a qual se utiliza a Internet e a preocupação com a cibersegurança

Embora a maioria dos académicos neste domínio concorde com a importância da segurança da Internet para uma utilização cibernética eficaz, alguns argumentam que certas transacções exigem mais segurança do que outras. Para explicar se o tipo de transação realizada na Internet determina o nível de preocupação de um ciberutilizador com a segurança, a variável tipo de transação foi incluída como uma das variáveis independentes a testar no estudo. É de referir que os defensores da indústria dos cartões de pagamento (PCI) e da lei Sarbanes Oxley (SOX) são particularmente favoráveis à promoção de uma segurança apertada para os utilizadores da Internet que efectuam transacções financeiras. Apesar de tais pontos de vista parecerem razoáveis, é necessário testá-los empiricamente, uma vez que a segurança não pode ser posta em causa para algumas transacções na Internet pelo simples facto de não estarem relacionadas com dinheiro.

Para compreender a relação existente entre o tipo de transação efectuada na Internet e a preocupação com a segurança, foi importante incluir a pergunta sobre o tipo de transação na Internet no questionário do inquérito. Depois de receber 433 respostas adequadas ao estudo, os dados foram exportados do SuveyMonkey para o SPSS para análise. A variável tipo de transação apareceu em linhas, enquanto a variável preocupação com a segurança apareceu em colunas. A partir da tabela de resumo do processamento de casos 22 abaixo, foi registada uma taxa de respostas válidas de 99,5% (431), seguida de uma taxa de respostas em falta de 0,5% (2). Eis os resultados.

Quadro 162

Quadro recapitulativo do processamento de casos Tipo de transação para a qual se utiliza a Internet e a preocupação com a segurança.

Resumo do processamento do caso						
	Casos					
	Válido		Em falta		Total	
	N	Percentagem	N	Percentagem	N	Percentagem
Indique uma transação para a qual utiliza principalmente a Internet. * Avalie a sua preocupação com a segurança.	431	99.5%	2	0.5%	433	100.0%

Tendo em conta o facto de a tabela de resumo do tratamento de casos apenas dar uma visão geral da forma como os participantes responderam ao tipo de transação e à preocupação com as questões de segurança, foi necessário comparar ambas as variáveis para compreender até que ponto estão relacionadas. A análise de tabulação cruzada foi então utilizada para ajudar a equacionar as variáveis.

Analisando o quadro 23 da tabela de referência cruzada, são visíveis alguns pontos principais. Dos 431 participantes que responderam às perguntas, 97,1% (68) dos participantes que identificaram a transação comercial como o tipo de transação para a qual utilizam principalmente a Internet também indicaram que estavam muito preocupados com a segurança. 92,7% (291) dos participantes que identificaram as transacções financeiras como o tipo de transação para a qual utilizam principalmente a Internet também indicaram estar muito preocupados com a segurança. 70,6% (12) dos participantes que identificaram as transacções educativas como o tipo de transação para a qual utilizam mais a Internet também indicaram estar muito preocupados com a segurança. 96,7% (29) dos participantes que indicaram utilizar principalmente a Internet para transacções relacionadas com a família também mostraram estar muito preocupados com a segurança.

Nenhum participante das categorias de transacções comerciais, financeiras e familiares indicou que não se preocupava com a segurança quando utilizava a Internet. Apenas um participante da categoria de transacções educativas indicou que a segurança não os preocupa quando fazem negócios na Internet. Com base nas percentagens totais, é correto afirmar que a maioria dos participantes considera que a segurança na Internet é importante para eles, independentemente do tipo de transação para a qual utilizam a Internet. Para ver os resultados, consulte a tabela cruzada 23 abaixo.

Tabela 173

Tabela de contingência do tipo de transação Um Utiliza a Internet para e preocupação com a segurança.

Please indicate one transaction you mostly use the Internet for? * Please rate your concern for security.							
			Please rate your concern for security.				
			No concerned	Little concerned	Somewhat concerned	Highly concerned	Total
Please indicate one transaction you mostly use the Internet for?	Business Transaction	Count	0	1	1	68	70
		% within Row?	0.0%	1.4%	1.4%	97.1%	100.0%
		% within Column.	0.0%	20.0%	4.0%	17.0%	16.2%
	Financial Transactions	Count	0	4	19	291	314
		% within Row?	0.0%	1.3%	6.1%	92.7%	100.0%
		% within Column.	0.0%	80.0%	76.0%	72.8%	72.9%
	Educational Transactions	Count	1	0	4	12	17
		% within Row?	5.9%	0.0%	23.5%	70.6%	100.0%
		% within Column.	100.0%	0.0%	16.0%	3.0%	3.9%
	Family - Related Transaction	Count	0	0	1	29	30
		% within Row?	0.0%	0.0%	3.3%	96.7%	100.0%
		% within Column.	0.0%	0.0%	4.0%	7.3%	7.0%
Total		Count	1	5	25	400	431
		% within Row?	0.2%	1.2%	5.8%	92.8%	100.0%
		% within Column.	100.0%	100.0%	100.0%	100.0%	100.0%

As tabelas anteriores comparavam as variáveis mas não representavam os resultados em formato gráfico. Para dar uma análise gráfica da relação, o SPSS foi também configurado para gerar o gráfico de barras abaixo. A variável independente aparece no eixo x do gráfico, enquanto a variável dependente aparece no eixo y do gráfico.

Observando o gráfico de barras da Figura 5, é evidente que os resultados corroboram a análise apresentada na tabela de contingência acima e apontam para o facto de a maioria dos participantes ter admitido que a segurança na Internet os preocupava e não era necessariamente determinada pelo tipo de transação efectuada na Internet.

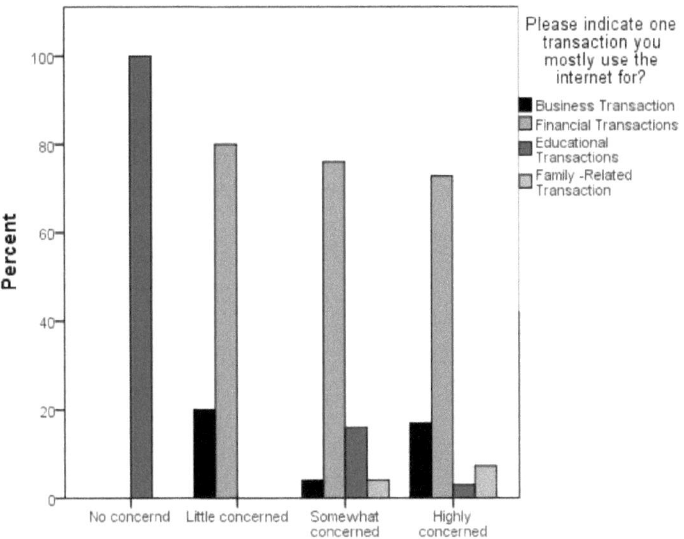

Figura 5. Tipo de transação para a qual utiliza a Internet e preocupação com a segurança.

Para perceber se as variáveis tinham ou não uma relação, foi efectuado o teste de independência do Qui-quadrado, representado no Quadro 24. Os resultados do qui-quadrado de Pearson indicaram que havia indícios de uma relação, confirmada pelo valor de significância assintótica de p<001. O valor obtido de p<001 foi inferior ao valor de p teórico de 0,05 do estudo, mostrando assim a existência de uma relação entre as variáveis. Por conseguinte, a hipótese alternativa foi aceite e a hipótese nula rejeitada. Eis os resultados:

$$X^2 (9, N=431) = 37,939, p < .001.$$

Quadro 24

Estatísticas de qui-quadrado de Pearson sobre o tipo de transação para a qual se utiliza a Internet e

a Internet e

Preocupação com a segurança.

Testes de qui-quadrado			
	Valor	df	Significância assintótica (2 lados)

Qui-quadrado de Pearson	37.939ª	9	.000
Rácio de verosimilhança	17.704	9	.039
Associação linear por linear	1.189	1	.276
Nenhum caso válido	431		
a.11 células (68,8%) têm uma contagem esperada inferior a 5. A contagem mínima esperada é 0,04.			

A estatística do teste Qui-quadrado de Pearson determinou a evidência de uma relação, mas não confirmou a significância ou a força da relação obtida. Para determinar a força de associação das variáveis, foi utilizada a estatística do teste Gama representada na Tabela 25 abaixo. O valor Gamma obtido de 0,297 foi baixo, indicando uma relação fraca. Esta relação insignificante aumentou as hipóteses de cometer um erro se fosse feita uma previsão de uma relação entre o tipo de transação e a preocupação com a segurança em todos os casos. Veja a tabela Lambda 25 abaixo:

Quadro 25

Teste Gama de Associação das Variáveis

Medidas simétricas		Valor	Assimptótica Padrão Erro	Aproximado Tᵇ	Aproximado Significado
Nominal por Nominal	Phi	.297			.000
	Cramer's V	.171			.000
Ordinal por Ordinal	Gama	-.353	.156	-1.973	.049
N de casos válidos		431			
a. Não assumir a hipótese nula.					
b. Utilizando o erro padrão assintótico assumindo a hipótese nula.					

Tabulação cruzada da preocupação com a segurança e dos custos financeiros associados decorrentes de uma violação cibernética

Os académicos argumentam que o montante de dinheiro perdido devido a uma ciberfraude define o grau de preocupação de um ciberutilizador com a segurança da Internet. Estes pontos de vista emanam provavelmente da noção de que os ciberutilizadores que perdem mais dinheiro com uma ciberfraude estão mais preocupados com a segurança do que aqueles que perdem menos dinheiro. Embora este ponto de vista pareça razoável, pode não ser necessariamente verdadeiro em todos os casos, pelo que é necessário efetuar testes empíricos. Para compreender o tipo de relação que pode existir entre os custos financeiros associados à cibercriminalidade e a segurança na Internet, a variável custo financeiro foi incluída entre as variáveis independentes testadas no estudo.

Os dados foram recolhidos através do SuveyMonkey e exportados para o SPSS para análise. A tabela de resumo do processamento de casos que se vê abaixo foi primeiro configurada através do SPSS para dar uma visão geral de como os participantes responderam a ambas as perguntas. Veja o quadro 26 abaixo.

Quadro 26

Processamento de casos Quadro recapitulativo dos custos financeiros associados incorridos devido à violação cibernética e à preocupação com a segurança

Resumo do processamento do caso						
	Casos					
	Válido		Em falta		Total	
	N	Percentagem	N	Percentagem	N	Percentagem
Qual foi o custo financeiro associado à violação cibernética? * Avalie a sua preocupação com a segurança.	392	90.5%	41	9.5%	433	100.0%

A partir do resumo do processamento de casos acima, Tabela 26, são apresentados os casos válidos, em falta e totais. De um total de 433 participantes que fizeram parte do inquérito, 90,5% dos casos válidos foram registados, enquanto 9,5% dos casos em falta foram anotados. Uma vez que a tabela de resumo do processamento de casos apenas deu uma visão geral da forma como os participantes responderam a ambas as perguntas, foi necessário efetuar uma análise de tabulação cruzada para compreender o que acontece quando ambas as variáveis são comparadas entre si no SPSS. Veja a tabela de tabulação cruzada 27 abaixo.

Tabela 27

Quadro de contingência dos custos financeiros associados incorridos devido à violação cibernética e à preocupação com a segurança

Qual foi o custo financeiro associado à violação cibernética? * Avalie a sua preocupação com a segurança.					
			Avalie a sua preocupação com a segurança.		
			Pouco preocupado	Um pouco preocupado	Altamente preocupado	Total
Qual foi o custo financeiro associado incorrido devido à violação cibernética?	$0-$999.00	Contagem	4	17	344	365
		% dentro da linha	1.1%	4.7%	94.2%	100.0%
		% dentro da coluna.	80.0%	94.4%	93.2%	93.1%
	$1000-$4999	Contagem	1	1	20	22
		% dentro da linha	4.5%	4.5%	90.9%	100.0%
		% dentro da coluna.	20.0%	5.6%	5.4%	5.6%
	$5000-$10,000	Contagem	0	0	5	5
		% dentro da linha	0.0%	0.0%	100.0%	100.0%
		% dentro da coluna.	0.0%	0.0%	1.4%	1.3%
Total		Contagem	5	18	369	392
		% dentro da linha	1.3%	4.6%	94.1%	100.0%
		% dentro da coluna.	100.0%	100.0%	100.0%	100.0%

Na tabela de contingência, 27 acima, observam-se alguns pontos altos. Dos 392 participantes que responderam a ambas as perguntas, 94,2% (344) dos participantes que indicaram ter perdido entre 0 e 999 dólares na sequência de um ciberataque também indicaram estar muito preocupados com a segurança. 90,9% (20) dos participantes que indicaram ter perdido entre 1000 e 4999 dólares na sequência de um ciberataque também indicaram estar muito preocupados com a segurança da Internet. 100% (5) dos participantes que indicaram ter perdido entre 5000 e 10 000 dólares devido a uma burla informática também indicaram estar muito preocupados com a segurança quando utilizam a Internet. Nenhum participante que tenha perdido entre 5000 e 10 000 dólares indicou ter pouca preocupação com a segurança. Apenas 1 participante que perdeu entre 1000 e 4999 dólares e 4 participantes que perderam entre 0 e 999 dólares indicaram ter pouca preocupação com a segurança quando utilizam a Internet. A partir das percentagens totais, a maioria dos participantes considera que a segurança da Internet é uma componente essencial da sua prática de utilização da Internet, independentemente do montante das

perdas financeiras sofridas devido a uma ciberfraude.

No entanto, não foi evidente a ideia de que quanto mais dinheiro se perde devido à

cibercriminalidade, maior é a preocupação com a segurança ou a ideia de que a perda de

dinheiro devido à cibercriminalidade causa falta de preocupação com a segurança. Estas

questões não foram respondidas porque o âmbito do estudo não foi concebido para

responder a tais questões. No entanto, trata-se de uma questão interessante a ser

respondida em futuros inquéritos.

Para analisar os resultados em termos gráficos, foi elaborado o gráfico de barras abaixo

para descrever a distribuição das frequências das opiniões dos participantes sobre a

preocupação com a segurança em relação ao montante dos custos financeiros incorridos

com a cibercriminalidade. A variável independente do estudo foi colocada no eixo x do

gráfico, enquanto a variável dependente foi colocada no eixo y do gráfico. Veja-se o

gráfico de barras da Figura 6 abaixo.

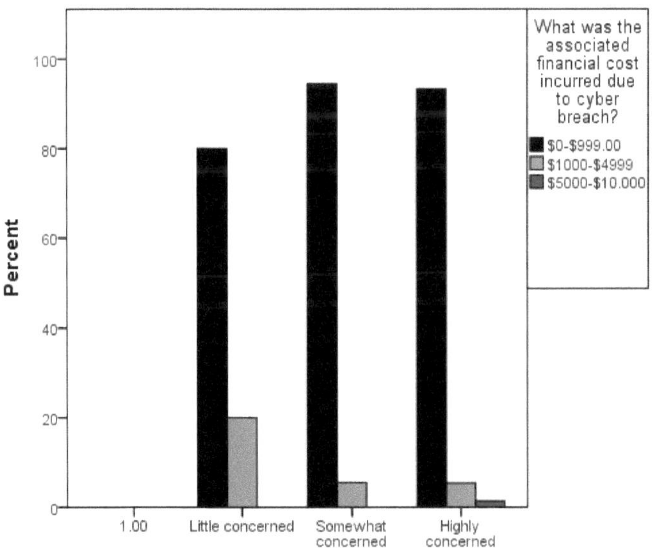

Figura 6. Preocupação com a segurança e custos financeiros associados incorridos devido a uma violação cibernética.

A partir do gráfico de barras acima, é evidente que os resultados confirmam a análise apresentada nas tabelas de contingência e apontam para o facto de a maioria dos participantes considerar a segurança na Internet importante, independentemente do montante de dinheiro perdido em resultado de uma ciberfraude.

Deve ser indicado que as tabelas cruzadas e os gráficos de barras não revelaram se existia ou não uma relação e, em caso afirmativo, qual a sua importância. Para compreender se existia ou não uma relação e também a importância da relação, foi efectuado o teste de independência do qui-quadrado. Veja a Tabela 28 do qui-quadrado abaixo.

Quadro 28

Qui-quadrado de Pearson Custos financeiros associados incorridos devido a violação cibernética e preocupação com a segurança

Testes de qui-quadrado			
	Valor	df	Significância Assintótica (2sided)
Qui-quadrado de Pearson	2.277[a]	4	.685
Rácio de verosimilhança	1.833	4	.766
Associação linear por linear	.141	1	.708
N de casos válidos	392		
a. 6 células (66,7%) têm uma contagem esperada inferior a 5. A contagem mínima esperada é 0,06.			

O teste de independência do qui-quadrado de Pearson acima referido foi realizado para compreender a relação entre os custos financeiros associados à cibercriminalidade e as opiniões dos participantes sobre a preocupação com a segurança na Internet. A relação entre estas variáveis não foi significativa, o que é justificado pelo valor de significância assintótica do qui-quadrado de 0,685. Este valor obtido foi superior ao valor de p indicado de 0,05, justificando assim a necessidade de aceitar a hipótese nula e rejeitar a hipótese alternativa do estudo. Eis os resultados:

$$X^2 (4, N = 392) = 2{,}277, p = 0{,}685.$$

Tabulação cruzada do nível de educação e da preocupação com a segurança na Internet

A variável nível de educação foi incluída no estudo para perceber se a qualificação académica de um ciberutilizador desempenha algum papel na determinação da sua preocupação com a segurança da Internet ou não. Para realizar esta tarefa, foi realizado um inquérito através do SuveyMonkey e foram recebidas respostas de uma amostra de 433 participantes. Os resultados do inquérito foram depois exportados para o SPSS para análise. O quadro 29, que resume o tratamento dos casos, apresenta *um* resumo das respostas dos participantes relativamente à variável "nível de instrução" e à variável "preocupação com a segurança".

Quadro 29

Quadro recapitulativo do nível de instrução e da preocupação com a cibersegurança no tratamento dos casos

Resumo do processamento do caso						
	Casos					
	Válido		Em falta		Total	
	N	Percentagem	N	Percentagem	N	Percentagem
Qual é o seu nível de educação? * Por favor, classifique a sua preocupação com a segurança.	432	99.8%	1	0.2%	433	100.0%

A Tabela 29 apresenta uma visão geral dos casos válidos, em falta e totais de como os participantes responderam às perguntas sobre o nível de educação e a preocupação com a segurança. De uma amostra total de 433 participantes utilizada para o estudo, foram registados 432 casos válidos, tendo sido identificado um caso em falta de 0,2%. O quadro resumo do tratamento dos casos não permitiu analisar e comparar as opiniões dos participantes sobre a relação existente entre o nível de habilitações literárias e a preocupação com a cibersegurança. Para compreender o que acontece quando ambas as variáveis são equiparadas no SPSS, foi utilizada a análise de tabulação cruzada. Veja os resultados da tabulação cruzada na Tabela 30.

Tabela 30

Tabela de contingência do nível de educação e da preocupação com a cibersegurança

What is your level of education? * Please rate your concern for security.							
			Please rate your concern for security.				
			No concerned	Little concerned	Somewhat concerned	Highly concerned	Total
What is your level of education?	Associate degree	Count	0	2	3	35	40
		% within row	0.0%	5.0%	7.5%	87.5%	100.0%
		% within column	0.0%	40.0%	12.0%	8.7%	9.3%
	Bachelor's degree	Count	1	2	8	116	127
		% within row	0.8%	1.6%	6.3%	91.3%	100.0%
		% within column	100.0%	40.0%	32.0%	28.9%	29.4%
	Master's degree	Count	0	1	14	227	242
		% within row	0.0%	0.4%	5.8%	93.8%	100.0%
		% within column	0.0%	20.0%	56.0%	56.6%	56.0%
	Doctoral degree	Count	0	0	0	23	23
		% within row	0.0%	0.0%	0.0%	100.0%	100.0%
		% within column	0.0%	0.0%	0.0%	5.7%	5.3%
Total		Count	1	5	25	401	432
		% within row	0.2%	1.2%	5.8%	92.8%	100.0%
		% within column	100.0%	100.0%	100.0%	100.0%	100.0%

A tabela de tabulação cruzada acima apresentada mostra o resultado do que acontece quando a variável nível de educação é comparada com a variável preocupação com a segurança no SPSS. A variável preocupação com a cibersegurança foi colocada nas colunas da tabela de tabulação cruzada, enquanto a variável nível de habilitações literárias foi colocada nas linhas da tabela. A questão do nível de educação no estudo foi conceptualizada como um quadrante com quatro categorias nominais: grau de associado, grau de bacharel, grau de mestre e grau de doutor. A variável preocupação com a cibersegurança foi conceptualizada em quatro categorias: muito preocupado, algo preocupado, pouco preocupado e não preocupado.

Analisando a tabela de contingência, são visíveis alguns números máximos. De um total de 432 participantes que responderam à pergunta, 87,5% (35) dos participantes com grau de associado estavam muito preocupados com a segurança na utilização da Internet. 91,3% (116) dos participantes com grau de bacharel estavam muito preocupados com a segurança ao utilizar a Internet. 93,8% (227) dos participantes na investigação com o grau de mestre indicaram que estavam muito preocupados com a segurança quando utilizavam a Internet. 100,0% (23) dos participantes na investigação com grau de doutor revelaram estar muito preocupados com a segurança quando utilizam a Internet. Nenhum (0,0%) participante com grau de associado, mestrado e doutoramento indicou que não tinha qualquer preocupação com a segurança quando utilizava a Internet. Apenas 1 (0,8%) participante com grau de bacharel não se preocupou com a segurança quando utilizou a Internet.

A partir dos resultados da tabela de referência cruzada, é evidente que a grande maioria dos participantes, independentemente do seu nível de escolaridade, indicou que está muito preocupada com a segurança quando utiliza a Internet. No entanto, teria sido interessante comparar e ver se as pessoas sem formação académica também pensariam o mesmo sobre a segurança da Internet, mas isso não estava no âmbito do estudo e seria uma recomendação interessante para um estudo futuro.

É importante referir que a tabela de tabulação cruzada apresenta uma distribuição de frequências com muitos casos e valores para cada variável, o que dificulta a identificação imediata das percentagens que indicam relações importantes entre as variáveis. Para criar um retrato da relação existente entre a variável nível de educação e a variável preocupação com a cibersegurança em forma de peitoral, o SPSS foi configurado para gerar o gráfico de barras da Figura 7 abaixo. A variável educação apareceu no eixo x do gráfico, enquanto a variável cibersegurança apareceu no eixo y do gráfico. Veja a Figura 7 abaixo.

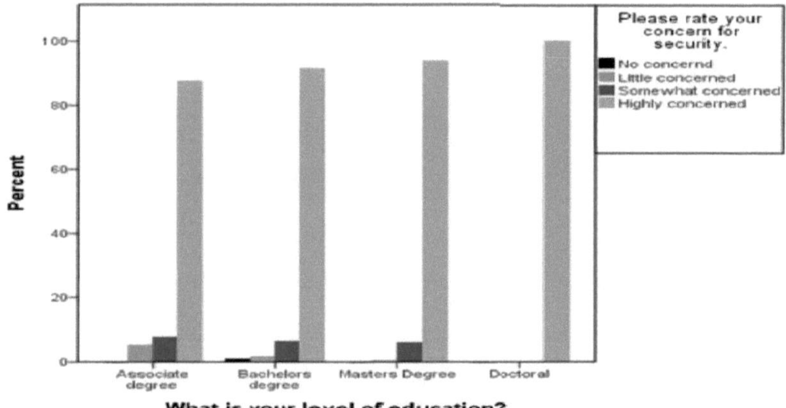

Figura 7. Gráfico de barras sobre o nível de educação e a preocupação com a cibersegurança.

Olhando para o gráfico de barras, é evidente que os resultados corroboram a análise apresentada nas tabelas cruzadas acima. A maioria dos participantes, independentemente da categoria de nível de instrução, indica que se preocupa com a segurança quando utiliza a Internet. A preocupação ou não com a segurança da Internet não depende do nível de instrução da pessoa que utiliza a Internet, uma vez que a segurança da Internet é importante para os ciberutilizadores, independentemente das suas habilitações académicas.

Quadro 18

Estatísticas do qui-quadrado de Pearson sobre o nível de educação e a preocupação com a cibersegurança.

Testes de qui-quadrado			
	Valor	df	Significância Assintótica (2 lados)
Qui-quadrado de Pearson	11.016ª	9	.275
Rácio de verosimilhança	10.681	9	.298
Associação linear por linear	6.032	1	.014
Nenhum caso válido	432		
a.10 células (62,5%) têm uma contagem esperada inferior a 5. A contagem mínima esperada é 0,05.			

O teste de independência do Qui-Quadrado de Pearson, apresentado na Tabela 31, foi configurado no SPSS para verificar a existência ou não de uma relação entre as variáveis.

Os resultados do teste do Qui-quadrado não foram significativos, como mostra o valor p de 0,275. Estes resultados sugerem que o nível de escolaridade do ciberutilizador não tem relação com o seu nível de preocupação com a cibersegurança. O valor de p obtido é superior ao limite alfa aceite de 0,05. Esta constatação não justifica a hipótese alternativa de que o nível de educação está relacionado com a preocupação com a cibersegurança. Com base nesta conclusão, a hipótese nula deste estudo é aceite e a hipótese alternativa é rejeitada. Os resultados são os seguintes:

$$X^2 (9, N=432) = 11,016, p=.275.$$

Tabulação cruzada do género e da preocupação com a cibersegurança

Embora os académicos concordem que o género desempenha um papel importante na determinação da preocupação de um ciberutilizador com a segurança quando navega na Internet, não são claros quanto à natureza dessa relação. Para compreender este pormenor, o género foi incluído como uma das variáveis independentes a serem testadas no estudo. A variável género foi conceptualizada como uma variável anómala com três categorias: masculino, feminino e "outro". As respostas dos participantes às questões relativas ao género e à preocupação com a segurança foram equiparadas entre si no SPSS. A tabela de resumo do processamento de casos gerada pelo SPSS descreve sucintamente a forma como os participantes responderam à questão do género e da preocupação com a segurança, enquanto a tabela de tabelas cruzadas realça o que acontece quando ambas as variáveis são colocadas em paralelo em tabelas de contingência. Se olharmos para o resumo do processamento de casos, a Tabela 32, abaixo, revela um instantâneo dos casos válidos, dos casos em falta e do número total de casos de participação. A tabela indica que, de um total de 433 participantes que fizeram parte do estudo, foram registados 432 casos válidos e 1 caso em falta. Veja o Quadro 32 abaixo.

Quadro 192

Resumo do processamento do caso						
	Casos					
	Válido		Em falta		Total	
	N	Percentagem	N	Percentagem	N	Percentagem
Qual é o seu género? * Por favor, classifique a sua preocupação com a segurança.	432	99.8%	1	0.2%	433	100.0%

Uma vez que a Tabela 32 do resumo do processamento de casos acima apenas dá uma visão geral das respostas dos participantes sobre o género e a preocupação com a segurança, o SPSS foi configurado para dar uma comparação robusta das variáveis em tabelas de contingência. A variável preocupação com a segurança foi colocada nas colunas da tabela, enquanto a variável género foi colocada nas linhas da tabela de tabulação cruzada. Olhando para a Tabela 33 de tabulação cruzada abaixo, são visíveis alguns números de pico. Dos 432 participantes no inquérito que responderam à pergunta sobre o género e a preocupação com a cibersegurança, 92,1% (175) dos participantes do sexo masculino estavam muito preocupados com a segurança, enquanto 93,3% (222) das participantes do sexo feminino estavam muito preocupadas com a segurança. 100,0 % (4) dos participantes da categoria "outros" estavam muito preocupados com a segurança quando utilizavam a Internet.

Nenhum (0,0%) participante das categorias masculina e "outros" indicou que não se preocupava com a segurança quando utilizava a Internet. 1 (0,4%) participante do género feminino indicou que não se preocupava com a segurança quando utilizava a Internet. Os resultados da tabela de referência cruzada indicam sumariamente que a maioria dos participantes, independentemente da categoria de género, estava muito preocupada com a segurança quando utilizava a Internet. Veja a tabela de contingência 33 abaixo.

Tabela 203

Tabela de contingência de género e preocupação com a cibersegurança

What is your gender? * Please rate your concern for security.							
			Please rate your concern for security.				
			No concerned	Little concerned	Somewhat concerned	Highly concerned	Total
What is your gender?	Male	Count	0	2	13	175	190
		% within row	0.0%	1.1%	6.8%	92.1%	100.0%
		% within column	0.0%	40.0%	52.0%	43.6%	44.0%
	Female	Count	1	3	12	222	238
		% within row	0.4%	1.3%	5.0%	93.3%	100.0%
		% within column	100.0%	60.0%	48.0%	55.4%	55.1%
	Other	Count	0	0	0	4	4
		% within row	0.0%	0.0%	0.0%	100.0%	100.0%
		% within column	0.0%	0.0%	0.0%	1.0%	0.9%
Total		Count	1	5	25	401	432
		% within row	0.2%	1.2%	5.8%	92.8%	100.0%
		% within column	100.0%	100.0%	100.0%	100.0%	100.0%

Embora as tabelas cruzadas tenham comparado as variáveis, analisando o tipo de relação existente entre o género e o nível de preocupação dos participantes com a segurança da Internet, os resultados não foram apresentados em formato gráfico, o que dificultou a identificação rápida das percentagens que realçam relações importantes. Para criar uma representação gráfica dos resultados, o SPSS foi configurado para produzir um gráfico de barras da relação. A variável independente 'género' apareceu no eixo x do gráfico, enquanto a variável cibersegurança apareceu no eixo y do gráfico. Observando a figura do gráfico de barras abaixo, é evidente que os resultados apoiam a análise apresentada nas tabelas cruzadas acima. O gráfico de barras valida o facto de quase todos os participantes estarem preocupados com a segurança na Internet, independentemente do seu género. Veja a Figura 8 abaixo para ver o gráfico de barras da relação.

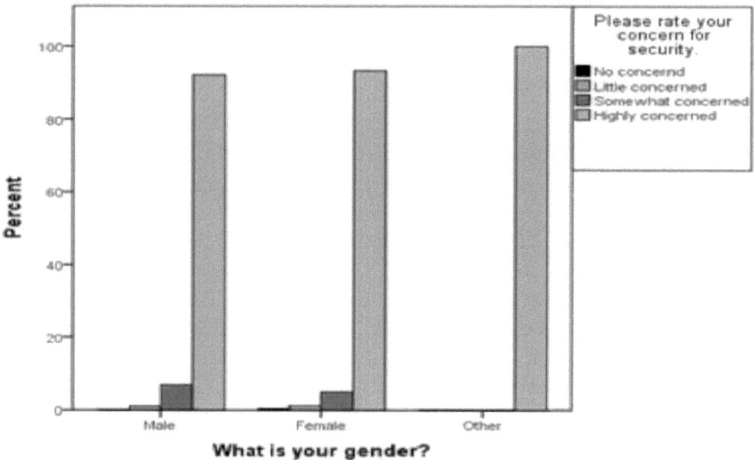

Figura 1. Género e preocupação com a cibersegurança.

Considerando que a análise de tabulação cruzada não explicou a significância estatística das variáveis, foi realizado o teste de independência do Qui-quadrado de Pearson, representado na Tabela 34 abaixo, para testar a significância estatística entre o género e a preocupação com a segurança. A relação entre as variáveis não foi significativa, o que indica que não existe qualquer relação entre o género e a preocupação com a segurança. Estes resultados indicam que o nível de preocupação dos participantes com a segurança da Internet não pode ser explicado e separado em função do género ou não depende do género do ciberutilizador. O valor de significância assintótica do qui-quadrado de 0,940 foi superior ao valor de p indicado de 0,05. Eis os resultados.

$$X^2 \ (6, \ N=432) = 1,765, \ p =,940$$

Considerando que o p-value de .940 foi superior ao p-value teórico de 0,05 estabelecido para este estudo, concluiu-se que não há evidência de relação entre o género e a preocupação com a segurança. Esta conclusão justificou a hipótese nula ao afirmar que o género do ciberutilizador não tem qualquer relação com o seu nível de preocupação com a segurança da Internet. Com base nesta conclusão, a proposição da hipótese alternativa foi rejeitada.

Quadro214

Estatísticas do qui-quadrado de Pearson sobre o género e a preocupação com a cibersegurança

Testes de qui-quadrado			
	Valor	df	Significância assintótica (2 lados)
Qui-quadrado de Pearson	1.765[a]	6	.940
Rácio de verosimilhança	2.409	6	.879
Associação linear por linear	.030	1	.861
N de casos válidos	432		
a. 8 células (66,7%) têm uma contagem esperada inferior a 5. A contagem mínima esperada é 0,01.			

Tabulação cruzada da idade e da importância da segurança na Internet

A variável idade foi incluída no estudo para explicar se os ciberutilizadores mais velhos estão mais preocupados com a segurança quando utilizam a Internet do que os ciberutilizadores mais novos ou vice-versa. A variável idade era importante no estudo porque alguns académicos consideram a idade como um fator determinante da segurança na utilização da Internet. Embora o papel da idade na segurança informática seja amplamente debatido, os dados que examinam as diferenças de idade na adoção de tecnologias seguras têm produzido opiniões contraditórias. Não é raro encontrar estudiosos que defendem que os jovens são mais confiantes na adoção de tecnologias seguras do que os idosos. Não obstante, tais argumentos parecem tendenciosos, especialmente na época atual, em que um número crescente de idosos adoptou a adoção de tecnologias seguras, justificando assim a inclusão da idade no estudo (Edwards & Engelhardt, 1989).

A variável idade foi categorizada em três grupos etários. O grupo dos 18 aos 30 anos abrangeu os participantes jovens, o grupo dos 31 aos 50 anos abrangeu os participantes de meia-idade e o grupo dos 51 anos ou mais abrangeu os participantes mais velhos. A variável idade foi depois comparada com as variáveis de preocupação com a cibersegurança no SPSS para determinar a natureza da relação existente entre ambas as variáveis. A partir do resumo do processamento de casos, a Tabela 35 abaixo apresenta um resumo do número de casos de participação válidos, em falta e totais. A tabela indica que, de um número total de 433 participantes, foram registados 432 casos válidos, enquanto 1 dos casos estava em falta. Eis o resumo do tratamento dos casos no quadro 35 abaixo.

Quadro 35

Quadro recapitulativo da idade e da preocupação com a cibersegurança

Resumo do processamento do caso						
	Casos					
	Válido		Em falta		Total	
	N	Percentagem	N	Percentagem	N	Percentagem
Qual é a sua idade? * Por favor, classifique a sua preocupação com a segurança.	432	99.8%	1	0.2%	433	100.0%

Uma vez que o quadro de síntese do tratamento dos casos apenas dava uma visão geral dos resultados, era importante compreender em pormenor o que aconteceria quando ambas as variáveis fossem equiparadas entre si em tabelas de contingência. A variável preocupação com a cibersegurança foi colocada nas colunas, enquanto a variável idade foi colocada nas linhas da tabela ao executar as tabelas cruzadas no SPSS. A tabela cruzada 36 abaixo mostra algumas marcas de água alta. Dos 432 participantes que responderam à pergunta, 91,5% (118) dos participantes jovens estavam muito preocupados com a segurança quando utilizavam a Internet. 92,4% (171) dos participantes de meia-idade estavam muito preocupados com a segurança na utilização da Internet. 94,9% (112) dos participantes mais velhos estavam muito preocupados com a segurança na utilização da Internet. Nenhum (0,0%) participante das categorias de idade jovem e de idade mais avançada indicou que não se preocupava com a segurança quando utilizava a Internet. Apenas um (0,5%) participante da categoria de meia-idade não se preocupou com a segurança ao utilizar a Internet.

O que ficou evidente na análise é o facto de a maioria dos participantes, independentemente da sua categoria etária, estar muito preocupada com a segurança quando utiliza a Internet. No entanto, não foi possível, tendo em conta a demografia utilizada no estudo, compreender o que os ciberutilizadores com menos de 18 anos ou ciberutilizadores específicos como os millennials ou os baby boomers poderiam pensar sobre a segurança da Internet. Segue-se a tabela cruzada do Quadro 36.

Tabela 36

Tabela de contingência da idade e da preocupação com a cibersegurança

How old are you? * Please rate your concern for security.						
			Please rate your concern for security.			
			No concerned	Little concerned	Somewhat concerned	Highly concerned	Total
How old are you?	18 - 30	Count	0	4	7	118	129
		% within Row	0.0%	3.1%	5.4%	91.5%	100.0%
		% within Column	0.0%	80.0%	28.0%	29.4%	29.9%
	31-50	Count	1	0	13	171	185
		% within Row	0.5%	0.0%	7.0%	92.4%	100.0%
		% within Column	100.0%	0.0%	52.0%	42.6%	42.8%
	51 and older	Count	0	1	5	112	118
		% within Row	0.0%	0.8%	4.2%	94.9%	100.0%
		% within Column	0.0%	20.0%	20.0%	27.9%	27.3%
Total		Count	1	5	25	401	432
		% within Row	0.2%	1.2%	5.8%	92.8%	100.0%
		% within Column	100.0%	100.0%	100.0%	100.0%	100.0%

Um gráfico de barras representado pela Figura 11 abaixo também foi configurado para descrever graficamente os resultados da tabela de referência cruzada. A variável idade aparece no eixo x do gráfico, enquanto a variável preocupação com a segurança aparece no eixo y do gráfico. Um olhar atento sobre o gráfico indica que o mesmo corrobora a análise apresentada nas tabelas de referência cruzadas, uma vez que é evidente que a maioria dos participantes, independentemente da sua idade, indicou estar muito preocupada com a segurança quando utiliza a Internet. Veja-se o gráfico de barras da Figura 9 abaixo.

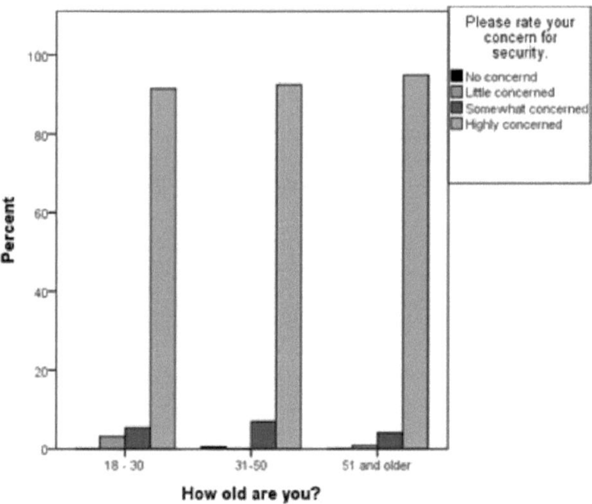

Figura 9. Idade e preocupação com a cibersegurança.

Tendo em conta que o quadro resumo do tratamento dos processos, o quadro de tabulação cruzada e os gráficos de barras não indicaram o nível de significância estatística das variáveis, foi realizado o teste de independência do Qui-quadrado de Pearson, representado na Tabela 37. Os resultados do qui-quadrado não foram significativos, o que é justificado pelo valor p de significância assintótica obtido de 0,181. A relação entre a idade e a preocupação com a segurança foi interpretada como não sendo significativa porque o valor p obtido de 0,181 estava acima do valor alfa declarado de 0,05%. Estes resultados significaram que a hipótese alternativa teve de ser rejeitada e a hipótese nula aceite. Os resultados também indicaram que os ciberutilizadores não estão preocupados com a segurança devido à sua idade. Seguem-se os resultados e a tabela de qui-quadrado.

$$X^2 (6, N = 432) = 8,878, p=.181$$

Tabela 37

Estatísticas do qui-quadrado de Pearson sobre a idade e a preocupação com a cibersegurança

Testes de qui-quadrado			
	Valor	df	Significância assintótica (2 lados)
Qui-quadrado de Pearson	8.878[a]	6	.181
Rácio de verosimilhança	10.070	6	.122
Associação linear por linear	1.705	1	.192
N de casos válidos	432		
a. 6 células (50,0%) têm uma contagem esperada inferior a 5. A contagem mínima esperada é 0,27.			

Tabulação cruzada entre a localização da residência e a importância da cibersegurança

A localização da residência foi incluída como variável independente no estudo devido ao desejo de compreender se a localização da residência dos ciberutilizadores contribuía para determinar o grau de preocupação que sentiam em relação à segurança da Internet. Para compreender a relação existente entre a localização da residência e a preocupação com a segurança, ambas as variáveis foram incluídas no questionário que foi apresentado aos participantes no inquérito. Quatrocentos e trinta e três participantes fizeram parte do estudo e os dados foram exportados da plataforma SuveyMonkey para o SPSS para análise.

A partir do resumo do processamento de casos, a Tabela 38, abaixo, apresenta o número de casos válidos, ausentes e total de participantes que responderam à pergunta sobre a localização da residência e à pergunta sobre a preocupação com a segurança. Das 433 pessoas que participaram no inquérito, 99,3% (430) responderam à pergunta sobre o local de residência e à pergunta sobre a preocupação com a segurança, tendo sido registados três casos em falta. O quadro que se segue é o seguinte.

Quadro 38

Quadro recapitulativo do tratamento de casos de localização da residência e preocupação com a cibersegurança

Resumo do processamento do caso						
	Casos					
	Válido		Em falta		Total	
	N	Percentagem	N	Percentagem	N	Percentagem
Qual é a sua residência? * Por favor, classifique a sua preocupação com a segurança.	430	99.3%	3	0.7%	433	100.0%

Tendo em conta o facto de o quadro-resumo do tratamento dos casos não fornecer pormenores sobre a relação existente entre a localização da residência e a preocupação com a segurança, procedeu-se à análise de tabulação cruzada no SPSS, representada na Tabela 39 abaixo. As variáveis de preocupação com a segurança apareceram nas colunas da tabela, enquanto a variável de localização da residência apareceu nas linhas da tabela. Dos 430 participantes que responderam à pergunta, 92,8% (324) dos participantes residentes na América Urbana estavam altamente preocupados com a segurança ao usar a Internet. 92,6% (75) dos participantes residentes na América Rural estavam muito preocupados com a segurança ao usar a Internet. Nenhum (0,0%) participante que identificou sua residência como "América urbana" indicou que não estava preocupado com a segurança ao usar a Internet. Apenas 1 (1,2%) participante residente na América rural não estava preocupado com a segurança ao utilizar a Internet.

Analisando os resultados da tabela de referência cruzada, é evidente que a maioria dos participantes, independentemente do seu local de residência, estava muito preocupada com a segurança quando utilizava a Internet. O nível de preocupação dos participantes com a segurança da Internet não foi determinado pelo seu local de residência, uma vez que a maioria dos participantes indicou que estava muito preocupada com a segurança quando utilizava a Internet. Eis a tabela de tabulação cruzada 39 abaixo.

Tabela 39

Tabela de contingência da localização da residência e preocupação com a cibersegurança

Qual é a sua residência? * Por favor, classifique a sua preocupação com a segurança.							
			Avalie a sua preocupação com a segurança.				Total
			Não está em causa	Pouco preocupado	Um pouco preocupado	Altamente preocupado	
Qual é a sua residência?	América urbana	Contagem	0	3	22	324	349
		% dentro da linha	0.0%	0.9%	6.3%	92.8%	100.0%
		% dentro da coluna	0.0%	60.0%	88.0%	81.2%	81.2%
	América rural	Contagem	1	2	3	75	81
		% dentro da linha	1.2%	2.5%	3.7%	92.6%	100.0%
		% dentro da coluna	100.0%	40.0%	12.0%	18.8%	18.8%
Total		Contagem	1	5	25	399	430
		% dentro da linha	0.2%	1.2%	5.8%	92.8%	100.0%
		% dentro da coluna	100.0%	100.0%	100.0%	100.0%	100.0%

As tabelas acima não descreviam a relação de uma forma que fosse fácil identificar rapidamente as percentagens importantes. Para dar uma descrição gráfica da relação, que é necessária para uma fácil compreensão, o SPSS foi configurado para produzir o gráfico de barras da Figura 10 abaixo. A variável local de residência aparece no eixo x do gráfico, enquanto as variáveis de preocupação com a segurança aparecem no eixo y do gráfico. Os resultados do gráfico corroboram a análise apresentada nas tabelas cruzadas, justificando que a maioria dos participantes, independentemente do local de residência, está muito preocupada com a segurança quando utiliza a Internet. Os ciberutilizadores não estão mais ou menos preocupados com a segurança da Internet apenas por causa do local onde vivem. Segue-se o gráfico de barras da Figura 10.

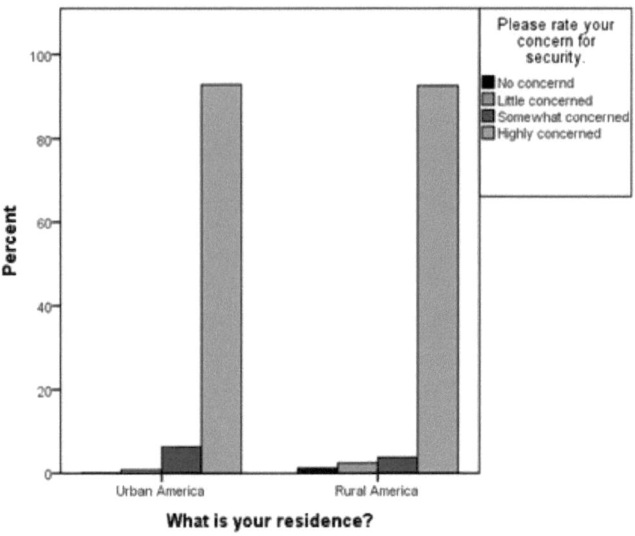

Figura 10. Localização da residência e preocupação com a cibersegurança.

É importante indicar que as tabelas e gráficos acima não explicam a significância estatística entre a localização da residência e a preocupação com a segurança, tornando assim difícil perceber se a relação é significativa ou não. Para conhecer o nível de significância estatística das variáveis, foi efectuado o teste do Qui-quadrado representado na Tabela 40. Os resultados do teste do Qui-quadrado não foram significativos, o que é justificado pelo valor de significância assintótica de 0,088, que é ligeiramente superior ao valor alfa declarado de 0,05. Deve mencionar-se que o valor de significância de 0,088 teria revelado evidência de uma relação se tivesse sido estabelecido um valor alfa ligeiramente superior para o estudo. No entanto, o alfa de 0,05 estabelecido para o estudo mantém-se e justifica os sinais de ausência de relação entre as variáveis. Os resultados obtidos indicam que não existe qualquer relação entre o local de residência de um ciberutilizador e o seu nível de preocupação com a segurança, o que justifica a rejeição da hipótese alternativa e a aceitação da hipótese nula. Seguem-se os resultados e a tabela de qui-quadrado.

$$X^2 (3, N = 430) = 6{,}538, p = .088$$

Tabela 220

Estatísticas do qui-quadrado de Pearson sobre a localização da residência e a preocupação com a cibersegurança

Testes de qui-quadrado			
	Valor	df	Significância Assintótica (2 lados)
Qui-quadrado de Pearson	6.538[a]	3	.088
Rácio de verosimilhança	5.392	3	.145
Associação linear por linear	1.041	1	.308
N de casos válidos	430		
a. 5 células (62,5%) têm uma contagem esperada inferior a 5. A contagem mínima esperada é 0,19.			

Conclusão

Este capítulo centrou-se na apresentação da tabulação cruzada da variável dependente (preocupação com a cibersegurança) e das variáveis independentes, com o objetivo último de determinar se existia ou não uma relação entre as variáveis, bem como de compreender o significado estatístico e a força da relação. Para explicar a relação entre as variáveis do estudo, foram utilizadas tabelas de resumo do processamento de casos, tabelas de tabulação cruzada e o teste de independência do qui-quadrado de Pearson, gráficos de barras e testes Lambda e Gamma. A partir da análise, determinou-se que a formação e o tipo de negócio efectuado na Internet tinham uma relação com a preocupação com a segurança, enquanto as restantes variáveis não tinham. Independentemente de ter ou não sido determinada a evidência de uma relação, todas as conclusões foram importantes e deram perspectivas únicas sobre a forma como os participantes pensavam sobre a segurança e a variável independente em questão. As variáveis independentes que mostraram evidência de uma relação com a segurança no qui-quadrado tinham efeitos Lambda e Gamma baixos, indicando que a relação não era significativa. Estes resultados obtidos não só revelaram a postura da amostra utilizada no estudo, como também realçaram o facto de a amostra ser conhecedora da Internet e saber a importância da segurança da Internet para a sua utilização diária da Internet. O capítulo cinco centra-se na explicação dos resultados, salientando a sua relevância e aplicação à teoria e sugerindo formas de avançar com a utilização da Internet de uma forma segura e que respeite a privacidade dos nossos valiosos activos de dados.

Capítulo 5: Discussão e implicações do estudo

Introdução

Este capítulo apresenta os resultados da investigação e expõe o impacto que os resultados têm na sensibilização para a cibersegurança e na teoria dos sistemas, na mudança social, na gestão de crises e na prática de resolução de conflitos, bem como na garantia da informação nas organizações. Com base nos resultados do estudo, são feitas recomendações para orientar os profissionais de segurança da informação, os utilizadores de sistemas de TI, os profissionais de resolução de conflitos, os gestores de empresas e os responsáveis pelo desenvolvimento de políticas sobre as melhores práticas para garantir a utilização do ciberespaço. Embora estas recomendações não sejam exaustivas em si mesmas, estabelecem uma base sólida para a utilização segura da Internet e fornecem pistas para novas investigações destinadas a promover a segurança nas TI.

Discussão sumária dos resultados da hipótese testada

Antes de apresentar os resultados, é importante fazer uma recapitulação do objeto deste estudo, uma vez que isso realçaria a importância dos resultados para a utilização segura do ciberespaço. A investigação centrou-se na compreensão das diferenças de atitude na utilização e segurança da Internet, com o objetivo de compreender as relações que a utilização da Internet tem com a ocorrência de cibercrime e, em seguida, identificar as melhores práticas necessárias para garantir a integridade dos dados, prevenindo ataques maliciosos dentro de níveis aceitáveis de custo e risco. Para atingir os objectivos da investigação, foram testadas as seguintes hipóteses nulas.

Hipótese H01: Não existe uma associação significativa entre a atitude dos utilizadores da Internet em relação à importância da formação de sensibilização para a cibersegurança e o seu nível de preocupação com a cibersegurança.

Hipótese H02:   Não existe uma associação significativa entre o facto de os utilizadores da Internet se considerarem conhecedores de TI e o seu nível de preocupação com a cibersegurança.

Hipótese H03:   Não existe uma associação significativa entre o tipo de transação para a qual o utilizador utiliza principalmente a Internet e o seu nível de preocupação com a cibersegurança.

Hipótese H04:   Não existe uma associação significativa entre o montante das perdas financeiras incorridas devido a uma violação informática e o nível de preocupação com a cibersegurança.

Hipótese H05:   Não existe uma associação significativa entre o nível de escolaridade do ciberutilizador e o seu nível de preocupação com a cibersegurança.

Hipótese H06:   Não existe uma associação significativa entre o sexo do ciberutilizador e o seu nível de preocupação com a cibersegurança.

Hipótese H07:   Não existe uma associação significativa entre a idade do ciberutilizador e o seu nível de preocupação com a cibersegurança.

Hipótese H08:   Não existe uma associação significativa entre o local de residência de um ciberutilizador e o seu nível de preocupação com a cibersegurança.

Para testar estas hipóteses, foi publicado um questionário no SuveyMonkey, tendo sido recolhidos 433 inquéritos. Os dados foram exportados para o SPSS e foi utilizada uma combinação de análise de tabulação cruzada, gráficos de barras, teste de independência do Qui-quadrado, testes Lambda e Gamma para analisar os dados. Os resultados obtidos são os seguintes

Os resultados do estudo revelam a existência de uma relação entre a experiência do ciberutilizador com a formação de sensibilização para a cibersegurança e o seu nível de preocupação com a cibersegurança. Esta relação significativa é justificada pela estatística do Qui-quadrado obtida na Tabela 17 do estudo. Os resultados obtidos foram: X^2 (6, N=422) = 13,839, p <,031. Este resultado justificou a rejeição da primeira hipótese nula do estudo e a aceitação da hipótese alternativa que favorecia a existência de uma associação significativa entre a formação em cibersegurança e o nível de preocupação dos ciberutilizadores com a cibersegurança. No entanto, embora exista evidência de uma relação, o valor Lambda obtido de 0,006 na Tabela 18 revela um nível fraco de associação entre as variáveis. Isto significa que a formação em sensibilização para a cibersegurança teria uma capacidade muito baixa de reduzir o número de erros cometidos ao prever o nível de preocupação do cibernauta com a cibersegurança. Ver no quadro 41 o resumo dos resultados.

Os resultados do estudo não revelaram a existência de uma relação entre o facto de os cibernautas se considerarem conhecedores de TI e o seu nível de preocupação com a segurança da Internet. Esta relação menos significativa é justificada pelos resultados estatísticos do qui-quadrado obtidos no Quadro 21 do estudo. Os resultados obtidos foram os seguintes: X^2 (3, N=432) = 1.388, p = .708. Este resultado justificou a rejeição da segunda hipótese alternativa do estudo e a aceitação da hipótese nula que desaprova a existência de uma relação entre os cibernautas que se consideram conhecedores de TI e o seu nível de preocupação com a segurança da Internet. O quadro 42 apresenta a síntese dos resultados.

Os resultados do estudo revelam a existência de uma relação entre o tipo de transação efectuada na Internet e o nível de preocupação do ciberutilizador com a cibersegurança. Esta associação significativa é justificada pela estatística do qui-quadrado obtida no quadro 24 do estudo. Os resultados obtidos foram: X^2 (9, N=431) = 37,939, p <.001. Este resultado justificou a rejeição da terceira hipótese nula da investigação e a aceitação da hipótese alternativa que defendia a existência de uma relação entre os tipos de transacções realizadas na Internet e o nível de preocupação do ciberutilizador com a cibersegurança. Não obstante, apesar de haver indícios de uma relação, o valor Gamma obtido de p .297 na Tabela 25 era baixo para prever com confiança que o tipo de transação efectuada na Internet teria uma relação com a segurança em todos os casos. A tabela 41 abaixo apresenta o resumo dos resultados.

O estudo não encontrou evidências de uma relação entre o custo financeiro associado a um incidente de violação cibernética e o nível de preocupação do ciberutilizador com a cibersegurança. Esta relação menos significativa é justificada pela estatística do Qui-quadrado obtida na Tabela 28 do estudo. Os resultados obtidos foram: X^2 (4, N = 392) = 2,277, p = .685. Este resultado justificou a rejeição da quarta hipótese alternativa do estudo e a aceitação da hipótese nula que defendia que não existe relação entre o custo financeiro associado a uma violação informática e o nível de preocupação do ciberutilizador com a cibersegurança. Ver no quadro 42 a síntese dos resultados.

Os resultados do estudo não evidenciaram a existência de uma relação entre o nível de escolaridade do ciberutilizador e o seu nível de preocupação com a cibersegurança. Esta relação menos significativa é justificada pelos resultados da estatística do Qui-quadrado obtidos na Tabela 31 do estudo. Os resultados obtidos foram: X^2 (9, N=432) = 11,016, p = .275. Este resultado justificou a rejeição da quinta hipótese alternativa do estudo e a aceitação da hipótese nula que desaprova a existência de uma relação entre o nível educacional do ciberutilizador e o seu nível de preocupação com a cibersegurança. A síntese dos resultados pode ser consultada no quadro 42.

Os resultados do estudo não revelaram a existência de *uma* relação entre o género do ciberutilizador e o seu nível de preocupação com a segurança da Internet. Esta relação menos significativa é justificada pela estatística do Qui-quadrado obtida na Tabela 34 do estudo. Os resultados obtidos foram: X^2 (6, N=432) = 1,765, p=,940. Este resultado justificou a rejeição da sexta hipótese alternativa do estudo e a aceitação da hipótese nula que defendia que não existe uma associação significativa entre o género do ciberutilizador e o seu nível de preocupação com a cibersegurança. Ver quadro 42 abaixo para a síntese dos resultados.

O estudo não encontrou evidência de uma relação entre a idade dos ciberutilizadores e o seu nível de preocupação com a segurança na Internet. Esta relação menos significativa é justificada pela estatística do Qui-quadrado obtida na Tabela 37 do estudo. Os resultados obtidos foram: X^2 (6, N = 432) = 8,878, p = .181. Este resultado justificou a rejeição da sétima hipótese alternativa do estudo e a aceitação da hipótese nula que defendia que não existe uma relação significativa entre a idade do ciberutilizador e o seu nível de preocupação com a cibersegurança. Ver quadro 42 abaixo para a síntese dos resultados.

Os resultados do estudo não revelaram a existência de uma relação entre o local de residência do ciberutilizador e o seu nível de preocupação com a segurança na Internet. Esta relação menos significativa é justificada pela estatística do Qui-quadrado obtida no Quadro 40 do estudo. Os resultados obtidos foram: X^2 (3, N = 430) = 6,538, p = .088. Este resultado justificou a rejeição da oitava hipótese de investigação e a aceitação da hipótese nula que defendia que não existe uma relação significativa entre o local de residência do ciberutilizador e o seu nível de preocupação com a cibersegurança. Ver no quadro 42 a síntese dos resultados.

Tabela 41

Uma tabela de resultados que são significativos no qui-quadrado mas baixos no seu efeito lambda ou gama

Hipótese testada	Resultados estatísticos
H01 Não existe uma associação significativa entre a atitude dos utilizadores da Internet relativamente à importância da formação de sensibilização para a cibersegurança e o seu nível de preocupação com a cibersegurança.	X^2 (6, N=422) = 13,839, p<031, λ=.006
H03 Não existe uma associação significativa entre o tipo de transação para a qual o utilizador utiliza principalmente a Internet e o seu nível de preocupação com a cibersegurança.	X2 (9,N=431) = 37,939, p<001, G=.297

Tabela 42

Tabela de resultados que não foram estatisticamente significativos no qui-quadrado

Hipótese testada	Resultados estatísticos
H02 Não existe uma associação significativa entre o facto de os utilizadores da Internet se considerarem conhecedores de TI e o seu nível de preocupação com a cibersegurança.	X^2 (3,N=432)= 1,388, p=,708
H04 Não existe uma associação significativa entre o montante das perdas financeiras incorridas devido a uma violação cibernética e o nível de preocupação com a cibersegurança.	X^2 (4, N = 392) = 2,277, p=,685
H05 Não existe uma associação significativa entre o nível de escolaridade do ciberutilizador e o seu nível de preocupação com a cibersegurança.	X^2 (9, N=432) = 11,016, p=,275
H06 Não existe uma associação significativa entre o género do ciberutilizador e o seu nível de preocupação com a cibersegurança.	X^2 (6,N=432)= 1,765, p=,940.
H07 Não existe uma associação significativa entre a idade do ciberutilizador e o seu nível de preocupação com a cibersegurança.	X^2 (6, N = 432) = 8,878, p=.181
H08 Não existe uma associação significativa entre o local de residência de um ciberutilizador e o seu nível de preocupação com a cibersegurança.	X^2 (3, N = 430) = 6,538, p=,088

Análise dos resultados que não revelaram relação com a literatura

Embora um estudo possa explicar certas conclusões e padrões entre algumas variáveis, o método de amostragem, a dimensão e o teste estatístico utilizados na investigação desempenham um papel importante na determinação dos resultados do estudo. Este estudo utilizou uma amostra de estudantes universitários de todos os géneros na área de Washington, DC, com idades compreendidas entre os 8 e os mais velhos e que utilizam a Internet. Esta amostra determinou as conclusões obtidas, uma vez que os resultados poderiam ter sido diferentes se tivessem sido utilizadas outras amostras/testes para o estudo.

Quando se comparam as variáveis do estudo que não encontraram qualquer relação com a preocupação com a segurança com as opiniões anteriores sobre cibersegurança, identificam-se algumas diferenças. Estas diferenças minam as afirmações que projectam relações entre essas variáveis e a segurança. Embora os investigadores gostem de obter resultados que confirmem as suas hipóteses de investigação, os resultados diferentes também são importantes, pois sugerem novas formas de pensar e orientar a investigação.

Embora a literatura sobre cibersegurança reconheça sistematicamente o papel que o género desempenha na determinação da forma como os ciberutilizadores encaram a segurança, as conclusões deste estudo desafiaram essas opiniões, sugerindo que as opiniões dos ciberutilizadores sobre a segurança são independentes do seu género. Consequentemente, a constatação de que não existe uma relação entre o género e a preocupação com a segurança pôs em causa a convicção de que as mulheres são menos susceptíveis de se preocuparem com a segurança dos computadores e da Internet do que os homens. Embora estes pontos de vista possam ter sido proeminentes há décadas atrás, a evolução da informática e a utilização generalizada dos computadores e dos conhecimentos cibernéticos eliminaram a diferença entre os sexos na adoção de computadores seguros (Kominski, 1992; Kominski & Newburger, 1999).

O impacto da evolução da informática e da utilização segura da Internet é o desaparecimento do papel do género como fator que influencia as atitudes dos utilizadores em relação à utilização do ciberespaço. Esta mudança de paradigma, de acordo com alguns investigadores, começou no início dos anos 90 e continua até à data (Bikson & Panis, 1995; National Telecommunications and Information Administration, 2002). Atualmente, verifica-se que as mulheres têm maior ou menor probabilidade de utilizar computadores do que os homens e, consequentemente, preocupam-se com a utilização segura da Internet, especialmente para fins profissionais (Bikson & Panis, 1995; Kominski & Newburger, 1999).

Alguns segmentos da literatura sobre cibersegurança defendem a ideia de que a idade do ciberutilizador é uma variável determinante da forma como os ciberutilizadores encaram a segurança nas TI. Este ponto de vista explica-se provavelmente pelo facto de a maior parte das pessoas que adoptam prontamente as novas tecnologias serem mais provavelmente jovens, do sexo masculino, com um nível de educação mais elevado, mais abastados e residentes em zonas urbanas. Assim se explica que alguns académicos continuem a defender que os homens estariam mais preocupados com a adoção segura da Internet do que as mulheres (Norris, 2001; Rogers, 1995). Não obstante, o constante avanço tecnológico e a evolução ao longo do tempo revelaram o papel indispensável da utilização da tecnologia para pessoas de todas as idades.

Deve também referir-se que, há décadas atrás, quando os cuidados de saúde estavam menos avançados, era notório que os idosos não eram tão saudáveis como são atualmente, o que tornava difícil para alguns ter a capacidade e a resistência para aprender e adaptar-se aos desenvolvimentos tecnológicos. Esta situação criou a falsa convicção de que os idosos são resistentes à mudança e não estão dispostos a interagir com produtos de "alta tecnologia". Com a melhoria dos cuidados de saúde e da educação ao longo do tempo, um número crescente de idosos é mais saudável e mais instruído, o que lhes permite aprender e adaptar-se às novas formas de tecnologia.

A literatura também indica que, entre 1970 e 2008, a percentagem de finalistas com certificados do ensino secundário aumentou de 28% para 77,4% e cerca de 20,5% deles também se podiam gabar de ter um diploma de bacharelato ou superior (Czaja et al., 2006). Esta melhoria na literacia teve um impacto positivo na aquisição de tecnologia e estabeleceu a noção de que as pessoas com níveis de educação mais elevados têm mais probabilidades de utilizar a tecnologia do que as outras. A literatura existente sobre idade e tecnologia da informação, corroborada pelos resultados deste estudo, desafia os estereótipos do passado e realça a realidade de que pessoas de todas as idades estão interessadas em aprender e utilizar a tecnologia. Embora a literatura mostre que os idosos têm mais ansiedade em relação aos computadores, menos auto-eficácia e menos conforto na utilização de computadores do que os adultos mais jovens (Czaja et al., 2006; Nair, Lee, & Czaja, 2005), estão, no entanto, cada vez mais interessados em aprender e utilizar a tecnologia de forma segura.

Apesar das recentes mudanças acima explicadas, a literatura continua a indicar que a ansiedade e a auto-eficácia informáticas são importantes preditores da adoção segura de tecnologias por pessoas de todas as idades (Czaja et al, 2006; Ellis & Allaire 1999), tornando assim necessário que os ciberutilizadores tenham conhecimentos e experiência na utilização da tecnologia (Adams, Stubbs, & Woods, 2005; Chamess, Schumann, & Boritz, 1992; Czaja & Sharit, 2003; Dyck & Smither, 1994; Jay & Willis, 1992). Estas descobertas são importantes porque, ao reconhecer os factores que impedem ou promovem a adoção segura da tecnologia e ao compreender as suas origens, abrem-se caminhos para que os decisores políticos reavaliem o êxito das iniciativas de atribuição de recursos e, consequentemente, ajudem a redirecionar os recursos para áreas onde o fosso digital ainda é grande.

Outra variável que não conseguiu estabelecer uma relação com a adoção da segurança da informação foi o local de residência dos ciberutilizadores. O local de residência dos ciberutilizadores foi incluído no desenho do estudo para explicar a validade da perspetiva de que as pessoas que vivem em zonas urbanas são mais propensas a utilizar a Internet de forma segura do que as pessoas que vivem nas zonas rurais do país, dado que a acessibilidade à Internet de banda larga sem fios está mais disponível para os habitantes das zonas urbanas do que para os habitantes das zonas rurais. O estudo concluiu que o local de residência dos ciberutilizadores não determina o seu nível de preocupação com a segurança.

Do mesmo modo, os resultados do estudo indicam que o montante associado às perdas financeiras sofridas com um ciberataque não é um fator determinante para a utilização segura da Internet. Esta constatação pôs em causa a opinião popular de que os ciberutilizadores se preocupam mais com a segurança da Internet, especialmente quando perdem mais dinheiro com um ciberataque. Com base nos resultados, é importante dizer que a razão pela qual as empresas investem na cibersegurança é garantir a disponibilidade, a confidencialidade e a integridade dos dados, explicando assim por que razão a literatura indica que as violações da segurança afectam negativamente as organizações. Embora os ciberataques criem muitos problemas às empresas e prejudiquem a confiança dos clientes e dos investidores, todos os seus resultados negativos correspondem a alguma forma de perda financeira, justificando assim que os ciberutilizadores e as organizações se preocupem com a segurança, independentemente do montante de dinheiro perdido.

Embora os ciberataques ocorram com frequência, as notícias de última hora cobrem sobretudo os que envolvem perdas financeiras avultadas. Este fenómeno, infelizmente, alimenta a falsa narrativa de que a preocupação com a segurança é determinada pela soma de dinheiro perdido. As conclusões deste estudo desmistificaram esta falsa narrativa, indicando que a preocupação com a segurança não depende do montante de dinheiro perdido, pois mesmo um ciberutilizador individual que perde 1,00 dólares na sequência de uma burla de vendas preocupa-se genuinamente com a segurança, ao mesmo nível que um diretor executivo de uma empresa cuja empresa sofre perdas financeiras de milhões de dólares na sequência de uma grande violação cibernética se preocupa com a segurança.

Os resultados do estudo também indicaram que os ciberutilizadores não se preocupam automaticamente com a segurança da Internet pelo simples facto de terem conhecimentos de informática. Esta conclusão é importante porque clarifica a ideia de que as pessoas com conhecimentos de informática são melhores administradores da utilização segura do computador. As conclusões deste estudo desmentiram essa ideia, indicando que ter conhecimentos de informática não é uma condição prévia para utilizar a Internet de forma segura, pois qualquer utilizador da Internet se preocupa com a segurança dos seus bens, independentemente de ter ou não conhecimentos de informática.

As conclusões do estudo indicam também que os ciberutilizadores não são automaticamente responsáveis pela adoção de computadores seguros só porque têm formação académica. A educação é uma função importante da vida mas, ao mesmo tempo, não pode prever ou determinar o comportamento das pessoas quando utilizam a Internet. Embora um programa estruturado de educação para a segurança seja concebido para ajudar a reduzir o número de violações da segurança que ocorrem devido à falta de sensibilização para a segurança (Whitman & Mattord, 2004), a educação, por si só, não garante automaticamente que as pessoas utilizem os computadores de forma segura ou que se preocupem com a segurança quando utilizam os computadores. A educação garante que os ciberutilizadores recebem as ferramentas necessárias para utilizar a tecnologia de forma segura (Schou & Trimmer, 2004), mas a educação não pode condicionar um ciberutilizador a agir de uma determinada forma, uma vez que a ação humana é determinada pelo livre arbítrio. As conclusões do estudo a este respeito sublinham o facto de as pessoas terem livre arbítrio e, por conseguinte, fazerem o que querem, independentemente da sua formação académica. Embora a educação transmita às pessoas os conhecimentos de que necessitam para fazerem escolhas positivas na vida, não condiciona infelizmente as pessoas a comportarem-se de determinadas formas.

Análise dos resultados que tiveram uma fraca relação com a literatura

É importante começar esta secção afirmando que, embora os resultados do estudo tenham identificado relações entre a cibersegurança, a formação e o montante associado de perdas financeiras obtidas com um ciberataque, os efeitos Lambda e Gamma revelados foram baixos, pelo que se deve ter cuidado ao interpretar estes resultados para evitar a projeção de relações que são pouco significativas. Um ponto importante a salientar aqui é que os valores fracos de Lambda e Gamma obtidos mostram que as variáveis independentes do estudo tiveram uma capacidade muito baixa de reduzir o número de erros na previsão das categorias da variável dependente. Tais ocorrências não são fruto do acaso, mas reflectem antes a postura da amostra utilizada no estudo.

O efeito Lambda e Gama obtido na comparação das variáveis reflecte não só o tipo de amostra utilizada no estudo, mas sobretudo o conhecimento prévio da amostra sobre segurança e o seu efeito na utilização do ciberespaço. Por conseguinte, para que os resultados façam sentido e sejam interpretados corretamente, é necessário conhecer bem os conhecimentos prévios da amostra em matéria de segurança, de modo a interpretar corretamente os valores obtidos de Qui-quadrado, Lambda e Gama. Os valores fracos de Lambda e Gamma obtidos têm alguma relação com as baixas contagens de células do qui-quadrado obtidas, que também estão relacionadas com a postura da amostra utilizada no estudo. Todas estas questões resultam do facto de a maioria dos participantes no estudo ser automaticamente favorável à adoção da Internet segura, porque a maior parte deles já tinha recebido formação em matéria de segurança e, por conseguinte, já conhecia os efeitos nocivos de um ciberataque. Consequentemente, a maioria das suas respostas foi direcionada para as categorias que favoreciam a segurança, registando assim números baixos nas categorias que não favoreciam a segurança.

A observação neste ponto do estudo, que foi parcialmente discutida no capítulo 4, é que os estudantes universitários da área de Washington, DC, e o seu conhecimento prévio e preferência pela cibersegurança e pela formação em sensibilização para a segurança os colocaram numa categoria e adaptaram as suas respostas de modo a inclinarem-se mais a favor da segurança nas TI. Isto, por conseguinte, criou uma situação em que os grupos de células que não eram a favor da segurança estavam vazios ou tinham poucos dados, tornando assim impossível encontrar valores Lambda ou Gamma fortes.

No entanto, estes valores fracos de Lambda ou Gamma obtidos são essenciais para a investigação, porque criam uma oportunidade para os futuros investigadores testarem a relação entre as variáveis utilizando amostras diferentes, como os millennials, os baby boomers ou os ciberutilizadores sem formação, para comparar e ver se os resultados revelam algo de novo. O problema das ciberameaças é uma questão muito crítica no século XXI e qualquer oportunidade de expandir a investigação sobre cibersegurança deve ser aproveitada pelos académicos, o que constitui um contributo significativo deste estudo para os estudos académicos.

A existência de uma associação fraca entre a formação de sensibilização para a cibersegurança e a preocupação com a segurança não só é um indicador importante do papel importante que a formação em cibersegurança desempenha na adoção de computadores seguros, como também explica por que razão quase todos os participantes no estudo frequentaram algum tipo de formação em cibersegurança e consideram que a formação é importante e necessária, tornando assim impossível encontrar uma relação estatisticamente significativa entre a formação em cibersegurança e a segurança.

Embora o valor Lambda obtido de 0,006 revele uma relação fraca, não deixa de ser importante, pois revela o facto de a amostra do estudo já conhecer a importância da formação em cibersegurança e tê-la adotado como uma função contínua da sua atitude de utilização do ciberespaço, mesmo que a sua experiência não possa ser alargada a outras populações. Para tirar partido desta situação, poderiam ser efectuados mais estudos sobre o mesmo tema utilizando amostras diferentes para comparar e verificar se os valores são diferentes.

A significância do qui-quadrado identificada entre o tipo de transação na Internet e a preocupação com a segurança realça a importância da segurança para todas as transacções na Internet, apesar do valor Gamma de p .297. Uma função importante do valor Gamma obtido neste caso é o facto de os resultados só serem relevantes para a amostra utilizada no estudo. Embora este estudo se tenha centrado na descoberta de relações entre variáveis, é importante conhecer também a força da associação, pois evita a projeção excessiva de relações estatisticamente insignificantes. Embora o valor Gamma de p .297 fosse baixo e tivesse alguma relação com as baixas contagens de células do qui-quadrado obtidas, o valor justificava, no entanto, a expansão da investigação utilizando amostras diferentes ou testando variáveis diferentes, o que é uma descoberta importante deste estudo.

É importante indicar que, embora todas as transacções na Internet exijam segurança, algumas transacções são mais sensíveis do que outras, obrigando assim a níveis mais elevados de autorização e permissão para o pessoal cujas funções exigem o acesso a essas operações. A sensibilidade de algumas operações realça o conceito de criação de níveis de segurança que, por si só, cria a necessidade de segmentar a segurança com base na "necessidade de conhecer", de modo a que os ciberutilizadores só possam aceder ao que estão autorizados a aceder. A segmentação da segurança não põe em risco a segurança, mas limita os danos que poderiam ser causados a um ambiente se um insider descontente ou hackers causassem danos a um sistema. A observação cuidadosa da "necessidade de saber" é o que ajuda a limitar os possíveis danos que podem ser causados.

Conclusão e implicações das conclusões Implicações das conclusões em relação à teoria dos sistemas e à sensibilização holística para a cibersegurança

Uma lição fundamental retirada dos resultados do estudo é a indicação dos participantes na investigação de que a segurança da Internet é um elemento essencial da ciberutilização. Esta afirmação reveladora de todas as tabelas de referência cruzada solidifica a necessidade de todos os ciberutilizadores e proprietários de empresas criarem uma plataforma de cibersegurança eficiente e sistemática que garanta operações comerciais seguras. Uma abordagem tão eficaz da segurança validaria a aplicação de uma cultura teórica dos sistemas que garantiria que todos os ciberintervenientes estivessem em sintonia com a manutenção da segurança nas TI, uma vez que um mau interveniente na aventura da cibersegurança põe em risco os esforços de todos.

A proposta de uma abordagem da segurança baseada na teoria dos sistemas é apoiada pelos resultados esmagadores das tabelas de referência cruzada que indicam que, apesar da idade, do sexo, do nível de habilitações, do conhecimento das TI, do local de residência e do montante associado às perdas financeiras decorrentes de um ciberataque, a maioria dos participantes no estudo considera que a segurança da Internet é um elemento fundamental da sua utilização da Internet. Por conseguinte, a incorporação de uma abordagem teórica dos sistemas à utilização da cibersegurança garantiria que, independentemente da situação de um ciberutilizador, seriam utilizados todos os recursos necessários para construir uma infraestrutura de cibersegurança eficaz e uma solução fundamental para o problema das ciberameaças é a formação para a sensibilização à cibersegurança.

A literatura também recomenda uma abordagem da teoria dos sistemas à segurança da informação porque a base da teoria dos sistemas é a evolução dos sistemas e a interdependência que cria unidade e objetivo partilhado para todos os componentes do sistema (Moeller & Valentinov, 2012; von Bertalanffy, Juarrero, & Rubino, 2008). Isto é importante porque os sistemas disfuncionais alimentam futuros problemas de cibersegurança (Coole & Brooks, 2014).

A adoção de uma abordagem da teoria dos sistemas ao problema iminente das ciberameaças seria um verdadeiro reforço do esforço de sensibilização para a cibersegurança porque, através dela, os programas de formação em sensibilização para a cibersegurança deixarão de se centrar apenas no conteúdo e no processo, mas também na forma como os ciberutilizadores abordam a tomada de decisões em matéria de cibersegurança, reforçando assim a cibersegurança de uma forma holística (Tsohoua, Karydab, & Kokolakis, 2015).

A implementação de um programa de formação diversificado de sensibilização para a cibersegurança, influenciado por uma filosofia de teoria dos sistemas, garantirá o sucesso das operações de TI nas organizações, através da implementação de uma abordagem abrangente à formação dos trabalhadores (Chandrashekhar, Gupta, & Shivaraj, 2015), criando assim uma força de trabalho que compreende a cibersegurança e as suas implicações para o negócio.

Além disso, a aplicação de uma abordagem da teoria dos sistemas à formação de sensibilização para a cibersegurança criará uma cultura de cibersegurança em toda a organização, estabelecendo a necessidade de aplicar os princípios de segurança a todos os sectores da empresa. Esta abordagem ajudará a incorporar a conformidade com a segurança na ética de trabalho dos funcionários e ajuda os ciberutilizadores a desenvolver atitudes que estão em conformidade com políticas e procedimentos de segurança eficazes (Parsons et al., 2015).

Uma abordagem da segurança baseada na teoria dos sistemas também realçará a indicação esmagadora dos participantes no estudo de que, independentemente da situação dos ciberutilizadores, a segurança da Internet é uma função importante da utilização das TI e deve ser aplicada para garantir a confidencialidade, a integridade e a disponibilidade dos dados. Esta observação levaria os dirigentes das empresas a conceberem programas de formação de sensibilização para a cibersegurança que sejam holísticos, eclécticos, robustos e respondam às necessidades de segurança de todo o sistema.

Implicações dos resultados para as melhores práticas e para a mudança social

A melhor prática é um processo que foi testado e provou ser bem sucedido e é aceite como superlativo quando comparado com outros métodos, tornando-se assim uma forma normalizada de operar num ambiente de TI. As melhores práticas são importantes para a segurança da informação porque garantem a disponibilidade, a integridade e a confidencialidade dos dados dos activos da empresa. Uma abordagem da segurança baseada nas melhores práticas da teoria dos sistemas garantiria, por conseguinte, que todos os componentes de um sistema estivessem a funcionar em uníssono para aumentar e assegurar o desempenho da empresa. Isto garantirá, de facto, a redução dos custos técnicos e não técnicos associados à resposta a ciberataques.

A implementação das melhores práticas para a mudança social num ambiente de TI é encorajada porque aproximadamente 81% dos ciberataques resultam no roubo de dados dos consumidores (Lai, Li, & Hsieh, 2012), e estes ataques prejudicam a reputação da empresa (Chen, Ramamurthy, & Wen, 2015). Uma vez que a maioria dos participantes no estudo indicou, nas tabelas de contingência, que a segurança da Internet era um fator importante da sua utilização da Internet, o motor que impulsiona a segurança é, então, a melhor prática, que é conseguida através da aplicação das componentes técnicas e não técnicas das TI.

Para que as melhores práticas floresçam num ambiente cibernético, todas as partes interessadas devem dar exemplos fortes e duradouros que todos os ciberutilizadores possam imitar. Quando isto é feito, é estabelecida uma cultura de segurança consciente no ambiente que, por sua vez, limita os ciberataques que, segundo Hille, Walsh e Cleveland (2015), afectaram mais de 4% da população dos Estados Unidos em 2012, custando 12 mil milhões de dólares.

É digno de menção o facto de a prática profissional estar ligada às melhores práticas nesta fase final do estudo. Por conseguinte, para manter a segurança num ambiente de TI, os ciberutilizadores devem implementar práticas profissionais para reduzir o fosso existente entre a adoção de tecnologia e a segurança, uma vez que as estratégias de segurança e as adopções de tecnologia têm consequências na privacidade dos dados de uma organização e nas iniciativas de sensibilização para a segurança (Herath et al., 2014).

A implementação das melhores práticas é muito necessária porque estão sempre a ser introduzidas novas tecnologias num ambiente de TI devido à constante inovação para satisfazer os requisitos em constante mudança da época (Atienza et al., 2015). Algumas destas novas tecnologias ajudam a colmatar lacunas técnicas e também facilitam a utilização da tecnologia, atenuando assim o risco de segurança (Min, Lim, & Park, 2015).

As organizações que adoptam as melhores práticas como filosofia empresarial constroem uma cultura de dissuasão e segurança necessária para uma operação empresarial eficiente e para a confiança dos clientes (Ahmad, Maynard, & Park, 2014). Esta cultura de boas práticas torna a segurança um aspeto natural das atitudes dos ciberutilizadores e cria confiança entre as empresas e os clientes (Alnatheer, 2014)

Implicações das conclusões para a gestão de crises e a resolução de conflitos

Como já foi referido, o objetivo subjacente que orienta os quadros de cibersegurança e de gestão dos riscos é o desejo de garantir a confidencialidade, a integridade e a disponibilidade dos activos de dados, que estão constantemente a ser atacados por cibercriminosos. Uma vez que a pirataria informática foi identificada como um problema grave nas TI, o diretor-adjunto do FBI, Gordon Snow, tem razão quando adverte todos os ciberutilizadores para se prepararem para serem pirateados (Gordon Snow, 2011). Os ciberutilizadores devem encarar a declaração de Gordon de forma positiva, pois ao prepararem-se para serem pirateados estão, de facto, a cobrir as vulnerabilidades que podem ser exploradas pelos hackers. Se a exultação de Gordon for levada a sério, os ciberutilizadores abordarão a cibersegurança com uma mentalidade de gestão do risco. Esta mentalidade garantirá que os sistemas sejam monitorizados e que as vulnerabilidades sejam corrigidas antes de serem exploradas pelos piratas informáticos.

A realidade é que os frequentes ciberataques às redes das empresas têm instigado muitas vias de resposta, algumas das quais levaram a audiências no Congresso (Bailey, 1984).

Embora algumas empresas tenham respondido a estes ataques de uma forma que deixou a sua infraestrutura incólume, outras reagiram de uma forma que abre portas a mais críticas. Na maioria das vezes, o resultado destes ciberataques não depende apenas dos danos causados, mas também da capacidade da organização para demonstrar um tratamento estruturado e ordenado do incidente. Não obstante, os ciberataques são incorrectos e estão na origem de processos judiciais de grande envergadura e dispendiosos que prejudicam a reputação da organização. Do ponto de vista da resolução de conflitos, uma solução proposta para o problema do risco cibernético é uma abordagem de gestão do risco para a cibersegurança.

Recomendações de ação e via a seguir

Tendo em conta a indicação esmagadora dos participantes no inquérito de que a segurança da Internet é uma função importante da utilização das TI, a fortificação e a criação de sistemas de ciberdefesa para proteger os activos de TI contra ameaças internas e externas são fundamentais para a utilização das TI e para o sucesso de qualquer operação comercial (Carter et al., 2012). Por conseguinte, os ciberutilizadores e as partes interessadas devem procurar incessantemente as melhores práticas necessárias para garantir a segurança dos sistemas informáticos e proteger os dados contra ciberataques dispendiosos (Caldwell, 2012).

Com base nas conclusões do estudo e nas melhores práticas, as recomendações que se seguem são apresentadas como guias para a criação de um programa sólido de cibersegurança assente na teoria e na prática.

a. A necessidade de implementar programas obrigatórios de formação de sensibilização para a cibersegurança para mitigar os ciberataques. Esta recomendação é justificada pelos resultados que apoiam a primeira hipótese de investigação, que defende a existência de uma relação entre a formação em sensibilização para a cibersegurança e a preocupação com a segurança na Internet. A formação de sensibilização para a cibersegurança é essencial porque ensina os ciberutilizadores a compreender e a apreciar plenamente o seu papel na manutenção de um ambiente de trabalho ciberseguro.

b. A necessidade de realizar uma investigação sobre um tema semelhante utilizando amostras diferentes, como os millennials, os baby boomers e os ciberutilizadores sem formação, para comparar os resultados de ambos os estudos e aprender com o que pode mudar. Esta recomendação não só explicaria as consultas de baixa contagem de células identificadas no Qui-quadrado, como também explicaria os fracos valores Lambda e Gamma que tornaram a relação insignificante.

c. A necessidade de os ciberutilizadores e as organizações partilharem as melhores práticas necessárias para uma abordagem eficiente da segurança, de acordo com a teoria dos sistemas. Esta conclusão é apoiada pela relação revelada entre a formação de sensibilização para a cibersegurança e a preocupação com a segurança. A força obtida com a participação num programa de formação de sensibilização para a cibersegurança emerge das melhores práticas que foram testadas e provaram ser bem sucedidas na manutenção da segurança num ambiente de TI.

d. A necessidade de implementar uma abordagem de gestão e governação dos riscos na prática da cibersegurança. Esta recomendação é importante porque sublinha a realidade dos riscos inevitáveis que existem nas TI e defende a necessidade de avaliar, identificar e apreciar os riscos e, eventualmente, erradicar os potenciais ataques internos e externos que ameaçam o bom funcionamento das TI.

e. A necessidade de estabelecer um programa de monitorização contínua que ajude a identificar e a travar as piratarias, envolvendo-se naquilo a que se poderia chamar "cibermediação" ou "ciberdiplomacia". Esta proposta é elaborada a partir da ideia de que, tal como o DHS desenvolve software para deter imigrantes ilegais que atravessam a fronteira sul, também se poderia desenvolver software e utilizá-lo para enfrentar ciberintrusos em tempo real, neutralizando assim os danos que um hack poderia causar.

Para concluir, muitos académicos argumentam que a imersão dos resultados da investigação em manuais de formação, documentos políticos e literatura académica constrói teoria e fornece novas perspectivas de pensamento (Aydm, 2012). Por essa razão, a publicação e a divulgação dos resultados da investigação a um público mais vasto é uma função importante da investigação (Saracho, 2013). Espera-se que esta investigação apresente uma janela de oportunidade para que todos os ciberutilizadores valorizem e promovam a utilização segura dos sistemas informáticos, que estão constantemente a ser atacados por piratas informáticos.

Referências

Abraham, S. (2011). Comportamento de segurança da informação: Factores e direcções de investigação. Actas da AMCIS 2011 - Todas as submissões. Artigo 462.

Achebe, C. (1958). *Things fall apart.* Oxford, Reino Unido: HeinemannEducational Publishers.

Acquisti, A., Friedman, A., & Telang, R. (2006). *Is there a cost to privacy breaches? An event study.* Vigésima Sétima Conferência Internacional sobre Sistemas de Informação (ICIS), Milwaukee, WI. Obtido em http://www.heinz.cmu.edu/~acquisti /papers/acquisti-friedman-telang-privacy-breaches.pdf

Adams, A., & Sasse, M. A. (1999). Os utilizadores não são o inimigo. *Communications of the ACM, 42*(12), 40-46. http://dx.doi.org/10.1145/322796.322806

Adams, N., Stubbs, D., & Woods, V. (2005). Barreiras psicológicas ao uso da Internet entre adultos mais velhos no VJA. *Informática Médica e a Internet na Medicina, 30(\\Ъ.*

Adebayo, A. O. (2012). Uma base para a análise de dados de violação. *Jornal de Engenharia da Informação e Aplicações, 2*(4), 17-23. Recuperado de http://www.iiste.org/Joumals/index.php/JIEA

Agresti, A. (1990). Categorical data analysis (2ª ed.). New York: JohnWiley & Sons, Inc.

Ahmad, A., Maynard, S. B., & Park, S. (2014). Estratégias de segurança da informação: Towards an organizational multi-strategy perspective. *Journal of Intelligent Manufacturing, 25,* 357-370. doi:10.1007/sl0845-012-0683-0

Aitoro, J. R. (2010, 19 de agosto). Funções e responsabilidades essenciais para que a cibersegurança funcione. *NextGov.* Obtido em http://www.nextgov.com/cybersecurity/2010/08/roles-and-responsibilities-key-tomaking-cybersecurity-work/47423/

Ajzen, I. *(1988). Attitudes, personality, and behavior (Atitudes, personalidade e comportamento).* Homewood, IL: Dorsey Press.

Ajzen, I. (1991). A teoria do comportamento planeado. *Comportamento Organizacional e Humano*

Decision Processes, 50(2), 179-211. http://dx.doi.org/10.1016/0749- 5978(91)90020-T

Ajzen, I., & Fishbein, M. (1980). *Understanding attitudes and predicting social behavior.* Englewood Cliffs, NJ: Prentice-Hall.

Akers, R. L. (2000). *Criminological theories: Introduction, evaluation, and application* (3ª ed.). Los Angeles: Roxbury Publishing Company.

Aldesco, A. I. (2002). O fim do anonimato: A constitutional challenge to the convention on cybercrime. *Loyola of Los Angeles Entertainment Law Review, 23*(1), 81-123. Disponível em http://digitalcommons.lmu.cdu/elr/vol23/issl/3

Alexiades, M. N. (Ed.). (1996). *Diretrizes selecionadas para a investigação etnobotânica: Um manual de campo.* Bronx, NY: Jardim Botânico de Nova Iorque.

Alnatheer, M. A. (2014). Um modelo concetual para compreender a cultura de segurança da informação.

Revista Internacional de Ciências Sociais e Humanas, 4, 104-107. doi:10.7763/IJSSH.2014.V4.327

Associação Americana de Psicologia. *(2006). Respostas às suas perguntas sobre indivíduos transgénero e identidade de género.* Obtido em http://www.lgbt.ucla.edu/ documents/APAGenderldentity.pdf

Andrews, D. (1983). The legal challenge posed by the new technology. *Jurismetrics, 24()-* \ 43-57. http://www.jstor.org/stable/29761847

Araque, J. C., Maiden, R. P., Bravo, N., Estrada, I., Evans, R., Hubchik, K.,...Reddy, M. (2013). Uso e acesso a computadores em comunidades urbanas de baixa renda. *Computers in Human Behavior, 29(4),* 1393-1401. http://dx.doi.Org/10.1016/j.chb.2013.01.032

Arch, E. C., & Commins, D. E. (1989). Exposição estruturada e não estruturada a computadores: Diferenças de sexo em atitudes e uso entre estudantes universitários. *Sex Roles, 20(5),* 245-255. doi:10.1007/BF00287722

Arlitsch, K., & Edelman, A. (2014). Ficar em segurança: Cybersecurityforpeople and organizations (Segurança cibernética para pessoas e organizações). *Journal of Library Administration, 54(\).* 46-56. doi:10.1080/01930826.2014.893116

Atienza, A. A., Zarcadoolas, C., Vaughon, W., Hughes, P., Patel, V., Chou, W. Y. S., & Pritts, J. (2015). Atitudes e percepções dos consumidores sobre privacidade e segurança na saúde: Findings from a mixed-methods study. *Journal of Health Communication, 20,* 673-679. doi:10.1080/10810730.2015.1018560

Aydm, O. T. (2012). O impacto dos factores de motivação e higiene no desempenho da investigação: Um estudo empírico de uma universidade turca. *International Review of Management and Marketing, 2,* 106-111. Retrievedfromhttp://www .ilhanozturk.com/index.php/irmm/index

Bailey, D. (1984). Ataques a computadores: Congressional hearings and pending legislation. *Security and Privacy,* 180-186. doi:10.1109/SP.1984.10012

Baker, T. L. (1994). *Doing social research* (2ª ed.). Nova Iorque: McGraw-Hill, Inc.

Bansal, P., & Corley, K. G. (2011). A chegada da idade da investigação qualitativa: Embracing the diversity of qualitative methods. *Academy of Management Journal, 54(2)*, 233-237.

Barrett, N. (1997). *Digital crime: Policing the cybernation.* Londres: Kogan Page.

Bell, S. (1996). *Aprender com os sistemas de informação: Learning cycles in information systems development.* New York: Routledge.

Bennett, C. (2014, 14 de outubro). Study: Os ciberataques aumentaram 48 por cento em 2014. *The Hill.*

Obtido em http://thehill.com/policy/cybersecurity/221936-study-cyber- ataques-up-48-percent-in-2014

Bernard, H. R. (2002). *Métodos de investigação em antropologia: Qualitative and quantitative methods* (3ª ed.). Walnut Creek, CA: AltaMira Press.

Bernard, H. R., Pelto, J. P., Werner, O., Boster, J., Romney, A. K., Johnson, A.,... Kasakoff, A. (1986). A construção de dados primários em antropologia cultural. *Current Anthropology, 27(A)*, 382-396. doi:10.1086/203456

Besnard, D., & Arief, B. (2004). Segurança informática prejudicada por utilizadores legítimos. Computers & Security, 23(3), 253-264. http://dx.doi.Org/10.1016/j.cose.2003.09.002

Bigelow, R. P. (1985). The challenge of computer law. *Western England Law Review, 7(3)*, 397-404.

Bikson, T. K., & Panis, C. W. A. (1995). Computadores e conetividade: Tendências actuais. Em R. H. Anderson, T. K. Bikson, S. A. Law, & B. M. Mitchell (Eds.), *Universal access to e-mail: Feasibility and societal implications* (*Viabilidade e implicações sociais*) (pp. 13-40). Santa Mónica, CA: RAND.

Bimber, B. (2000). Measuring the gender gap on the Internet. *Social Science Quarterly*, *81*(3), 868-876.

Bishop, M. (2000). Educação em segurança da informação. *IEEE Concurrency*, *8*(4), 4-8.

Bishop, M. (2002). *Segurança informática: Art and science*. Boston: Addison-Wesley.

Bisong, A., & Rahman, M. S. (2011). Uma visão geral das preocupações de segurança na computação em nuvem empresarial. *International Journal of Network Security & Its Applications*, *3*(1), 30-45. doi:10.5121/ijnsa.2011.3103

Blackbum, R. (1993). *A psicologia da conduta criminal: Theory, research, and practice.* Toronto: JohnWiley & Sons.

BloomBecker, J. (1981). The trial of computer crime. *Jurimetrics*, *21*(4), 421-435. http://www.jstor.org/stable/29761764

Bobbitt, L.M., & Dabholkar, P. A. (2001). Integração de teorias de atitude para compreender e prever a utilização de auto-serviços baseados em tecnologia: A Internet como ilustração. *International Journal of Service Industry Management*, *12(5)*, 423-450. http://dx.doi.org/10.1108/EUM0000000006092

Bostrom, R. P., & Heinen, J. A. (1977). MIS Problems and failures: A socio-technical perspective. *MIS Quarterly*, *1*(3), 17-32. doi:10.2307/248710

Bottom, N. R. (2000). The human face of information loss. *Security Management*, *44*(6), 13-17.

Brenner, S. W. (2004). Lei do cibercrime dos EUA: Defining Offences. *Information Systems* Frontiers, 6(2), 115-132.

Broadhurst, R. (2006). Desenvolvimento da aplicação global da lei contra a cibercriminalidade. Policing: An International Journal of Police Strategies and Management, 29(2), 408-433. http://dx.doi.org/10.1108/13639510610684674

Brodie, C. (2008). *A importância da formação de sensibilização para a segurança.* Fredericksburg, VA: SANS Institute.

Burstein, A. (2003). A survey of cybercrime in the United States [Um estudo sobre o cibercrime nos Estados Unidos]. *Berkeley Technology Law Journal, 18(\),* 313-338. http://www.jstor.org/stable/24120520

Caimcross, I. (1997). *The death of distance: how the communications revolution will change our lives.* Cambridge, MA: Harvard Business School Press.

Caldwell, T., (2012). Reporting databreaches. *Computer Fraud & Security, 2012(1),* 510.

Campbell, R., Al-Muhtadi, J., Naldurg, P., Sampemane, G., & Mickunas, M. D. (2003). Rumo à segurança e à privacidade para a computação pervasiva em teorias e sistemas. Em M. Okada, B. C. Price, A. Scedrov, H. Tokuda, & A. Yonezawa (Eds.), *Software security-Theories and systems* (pp. 1-15). Berlim: Springer-Verlag.

Caniels, M. C., Lenaerts, H. K. L., & Gelderman, C. J. (2015). Explicando o uso da Internet pelas PMEs: O impacto da orientação para o mercado, normas comportamentais, motivação e aceitação da tecnologia. *Internet Research, 25(2),* 358-377. doi:10.1108/IntR- 12-2013-0266

Carter, D. L. (1995). Computer crime categories: How techno-criminals operate. *FBI Law Enforcement Bulletin, 64(1), 21-27.

Carter, L. D., Phillips, B., & Millington, P. (2012). O impacto dos controlos internos das tecnologias da informação no desempenho da empresa. *Journal of Organizational and*

End User Computing, 24(2), 39-49. http://dx.doi.org/10.4018/joeuc.2012040103

Cavusoglu, H., Mishra, B., & Raghunathan, S. (2004a). A model for evaluating IT security investments (Um modelo para avaliar investimentos em segurança de TI). *Communications of the ACM, 47*(7), 87-92. http://dx.doi.org/10.1145/1005817.1005828

Cavusoglu, H., Mishra, B., & Raghunathan, S. (2004b). The effect of Internet security breach announcements on market value: Capital market reactions for breached firms and Internet security developers. *International Journal of Electronic Commerce, 9*(1), 69-104.

Cegielski, C. G. (2008). Para o desenvolvimento de um currículo interdisciplinar de garantia da informação: Domínios de conhecimento e conjuntos de competências exigidos aos profissionais da garantia da informação. *Revista de Ciências da Decisão do Ensino Inovador, 6*(1). 29-49. doi:10.1111/j.l540-4609.2007.00156.x

Chandler, A. (1996). The changing definition and image ofhackers in popular discourse. *International Journal of the Sociology of Law, 24*(2), 229-251. http://dx.doi.org/10.1006/ijsl.1996.0015

Chandrashekhar, A. M., Gupta, R. K., & Shivaraj, H. P. (2015). O papel da consciencialização para a segurança da informação no sucesso de uma organização. *Revista Internacional de Investigação, 2*(6), 15-22. Retrievedfromhttp://intemationaljoumalofresearch.org/

Chamess, N., Schumann, C. E., & Boritz, G. M. (1992). Treinar adultos mais velhos no processamento de texto: Effects of age, training technique, and computer anxiety. *International Journal of Technology and Aging, 5*(1), 79-106.

Charney, S. (1994). Criminalidade informática: Law enforcement's shift from a corporeal environment to the intangible, electronic world of cyberspace. *Federal Bar News, 41*(7),

489-494.

Chaula, J. A. (2006). *Uma análise sócio-técnica da garantia de segurança dos sistemas de informação: A case study for effective assurance* (Dissertação de doutoramento). Universidade de Estocolmo, Estocolmo.

Chen, M. (1986). Género e computadores: The beneficial effects of experience on attitudes. *Journal of Educational Computing Research, 2*(3), 265-282. doi:10.2190/WDRY-9K0F-VCP6-JCCD

Chen, Y., Ramamurthy, K., & Wen, K. (2015). Impactos de programas abrangentes de segurança da informação na cultura de segurança da informação. *The Journal of Computer Information Systems, 55*(3), 11-19. Recuperado de http://www.iacis.org/jcis/jcis.php

Clarke, M. R. (2011). *The role of self-efficacy in computer security behavior (O papel da auto-eficácia no comportamento de segurança informática): Developing the construct of computer security self-efficacy* (Doctoral dissertation). Recuperado de http://nsuworks.nova.edu/gscis_etd/121/

Cochran, W. G. (1954). Alguns métodos para reforçar os testes comuns do Qui-quadrado. *Biometrics, 10(A),* 417-451. http://www.jstor.org/stable/3001616

Collis, B. A., Kass, H., & Kieren, T. E. (1989). National trends in computer use among Canadian secondary school students: Implications for cross-cultural analyses. *Journal of Research on Computing in Education, 22*(1), 77-89. http://dx.doi.org/10.1080/08886504.1989.10781904

Coleman, P. T. (2011). Os cinco por cento: Finding solutions to (seemingly) impossible conflicts [Encontrar soluções para conflitos (aparentemente) impossíveis]. Nova Iorque,

NY: Public Affairs, Perseus Books.

Conover, W. J. (1999). *Practical nonparametric statistics* (3ª ed.). New York: John Wiley & Sons, Inc.

Coole, M., & Brooks, D. J. (2014). Os sistemas de segurança falham devido à entropia? *Journal of Physical Security, 7*(2), 50-76. Disponível em http://ro.ecu.edu.au/ecuworkspost2013/624/

Cresswell, A., & Hassan, S. (2007). Impactos organizacionais das disposições de cibersegurança: A sociotechnical framework. Em *Ciências Sociais, 40th Hawaii International Conference on Systems Sciences* (p. 98). doi:10.1109/HICSS.2007.418

Creswell, J. W. (1994). *Conceção da investigação: Qualitative and quantitative approaches.* Thousand Oaks, CA: Sage.

Pessoal do CSO. (2004, 1 de novembro). Bruce Schneier: O paradigma das pessoas. Recuperado de http://www.csoonline.com/article/219787/bruce-schneier-the-people-paradigm

Czaja, S. J., Chamess, N., Fisk, A. D., Hertzog, C., Nair, S. N., Rogers, W. A., & Sharit, J. (2006). Factores que prevêem a utilização da tecnologia: Findings from the Center for Research and Education on Aging and Technology Enhancement (CREATE). *Psychology and Aging, 21*(12), 333-352. https://dx.doi.org/10.1037%2F0882-7974.21.2.333

Czaja, S. J., Guerrier, J. H., Nair, S. N., & Landauer, T. (1993). Computer communication as an aid to independence for older adults. *Behavior and Information Technology, 12(yb* 197-207. http://dx.doi.org/10.1080/01449299308924382

Czaja, S. J., & Sharit, J. (2003). Investigação relevante na prática: Capturando tarefas, ambientes e resultados do mundo real. *The Gerontologist, 43.* 9-18. doi:10.1093/geront/43.suppl_1.9

Czaja, S. J., & Shark, J. (1998). Age differences in attitudes toward computers. *Journal of Gerontology Psychological Sciences, 53(5),* 329-340.

Davis, F. D. (1989). Perceived usefulness, perceived ease of use, and user acceptance of information technology. *MIS Quarterly, 13(3),* 319-339. http://www.jstor.org/stable/249008

Davis, F. D., Bagozzi, R. P., & Warshaw, P. R. (1989). User acceptance of computer technology: A comparison of two theoretical models. *Management Science, 35*(8), 982-1003. http://dx.doi.Org/10.1287/mnsc.35.8.982

De Vaus, D. A. (1996). *Surveys in social research* (4ª ed.). London: UCL Press.

Denzin, N. K. (2012). Triangulation 2.0. *Journal of Mixed Methods Research, 6(2),* SO-88. doi:10.1177/1558689812437186

Dhillon, G. (2001). Violação das salvaguardas por pessoal de confiança e compreensão das preocupações relacionadas com a segurança da informação. *Computers and Security, 20(2),* 165-172. http://dx.doi.org/10.1016/S0167-4048(01)00209-7

Dhillon, G., & Backhouse, J. (2000). Information system security management in the new millennium. *Communications of the ACM, 43(7),* 125-128. http://dx.doi.org/10.1145/341852.341877

Dhillon, G., & Torkzadeh, R. (2006). Value-focused assessment of information systems security in organizations. *Information Systems Journal, 16(3),* 293-314. doi:10.1111/j.l365-2575.2006.00219.x

Diener-West, M. (2008). *Use of the chi-square statistics (Utilização da estatística do qui-*

quadrado). Baltimore, MD: Escola de Saúde Pública Johns Hopkins Bloomberg. Recuperado de http://ocw.jhsph.edu/courses/fundepiii/pdfs/lecture17.pdf

Dizard, W. (\99T). *MegaNet: How the global communications network will connect everyone on earth [Como a rede global de comunicações conectará todos na Terra].* Boulder, CO: Westview Press.

Dodge, R. C., Carver, C., & Ferguson, A. J. (2007). Phishing for user security awareness. *Computadores e Segurança, 26*(1), 73-80.

Doherty, N. F., & Fulford, H. (2006). Alinhamento da política de segurança da informação com o plano estratégico de sistemas de informação. *Computers and Security, 25*(1), 55-63. http://dx.doi.Org/10.1016/j.cose.2005.09.009

Downs, D. M., Ademaj, I., & Schuck, A. M. (2009, janeiro). Segurança na Internet: Quem está a deixar a "porta virtual" aberta e porquê? *First Moday, 14*(1-5). Recuperado de http://firstmonday. org/article/view/2251/2067

Durgin, M. (2007, setembro). Compreender a importância e implementar medidas de segurança interna. Disponível em https://www2.sans.org/reading_room/whitepapers/policyissues/1901.php

Dyck, J. L.,& Smither, J. A. (1994). Diferenças de idade na ansiedade em relação ao computador: The role of computer experience, gender and education. *Journal of Educational Computing Research, 10*(3), 239-248.

Eagly, A. H., & Chaiken, S. (1993). *The psychology of attitudes.* Orlando, FL: Harcourt Brace Jovanovich College Publishers.

Edwards, R., & Engelhardt, K. G. (1989). Inovações baseadas em microprocessadores e indivíduos idosos: Resultados do inquérito da AARP e suas implicações para a robótica de serviço. *International Journal of Technology and Aging, 2*. 56-76.

Ellis, R. D., & ,Allaire J. (1999). Modelação do interesse pelo computador em adultos mais velhos: The role of age, education, computer knowledge, and computer anxiety. *Human Factors,* 41(3), 345-355. doi:10.1518/001872099779610996

Eloff, M.M.,& von Solms, S. H. (2000). Gestão da segurança da informação: Uma abordagem para combinar a certificação de processos e a avaliação de produtos. *Computers and Security,* 19(3), 698-709. http://dx.doi.org/10.1016/S0167-4048(00)08019-6

Emery, F. E., & Trist, E. L. (1960). Sistemas sociotécnicos. Em C. W. Chruchman & M. Verhulst *(Eds.), Management sciences: Models and techniques* (Vol. 2., pp. 8397). New York: Pergamon Press.

Eminagaoglu, M., Ucar, E., & Eren, S. (2009). Os resultados positivos da formação de sensibilização para a segurança da informação nas empresas: Um estudo de caso. *Information Security Technical Report, 14(d),* 223-229. http://dx.doi.Org/10.1016/j.istr.2010.05.002

Etzioni, A. (1997). Comunidades: Virtualvs. real. *Science, 277*(5324), 295.

Gabinete Executivo do Presidente dos Estados Unidos. (2013). *Relatório do ano fiscal de 2012 ao congresso sobre a implementação da lei federal de gestão da segurança da informação de 2002.* Obtido em http://www.whitehouse.gov/sites.default/files/omb/assets/egov_docs/fyl2- fisma/pdf

Departamento Federal de Investigação. (2015, 13 de janeiro). FBI warns of fictitious 'work-from- home' scam targeting university students [Alert no. I-011315a-PSA], Retrieved from https://www.ic3.gov/media/2015/150113-l.aspx

Feldman, M. P. (1993). *The psychology of crime a social science textbook*. Cambridge: Cambridge University Press.

Felson, M. (1994). *Crime and everyday life: Insight and implications for society*. Thousand Oaks, CA: Pine Forge Press.

Ferguson, M. J., & Bargh, J. A. (2007). Para além do objeto de atitude: As atitudes implícitas surgem a partir de contextos de objectos. Em B. Wittenbrink & N. Schwarz (Eds.), *Implicit measures of attitudes* (pp. 216-246). New York: Guilford Press.

Fetler, M. (1985). Sex difference on the California statewide assessment of computer literacy. *Sex Roles, 13(3)*, 181-191. doi:10.1007/BF00287909

Fink, A., & Kosekoff, J. B. (1985). *Como realizar inquéritos: A step-by-step guide*. Beverly Hills, CA: Sage.

Fishbein, M., & Ajzen, I. (1975). *Belief, attitude, intention and behavior: An introduction to theory and research*. Reading, MA: Addison-Wesley.

Fishkin, J. (1992). *O diálogo da justiça: Toward a self-reflective society*. New Haven, CT: Yale University Press.

Flowerday, S., & von Solms, R. (2005). Integridade da informação em tempo real = integridade do sistema + integridade dos dados + garantias contínuas. *Computers and Security, 24(8)*, 604-613. http://dx.doi.Org/10.1016/j.cose.2005.08.004

Fontes, E. L. G., & Antonio Jose Balloni, A. J. (2007). Segurança em sistemas de informação: Aspectos sociotécnicos. Em T. M. Sobh (Ed.), *Innovations and advanced techniques in computer and information sciences and engineering* (pp. 163-167). Dordrecht, Países Baixos: Springer. doi:10.1007/978-1-4020-6268-1_30

Fortson, B. L., Scotti, J. R., Chen, Y., Malone, J., & Del Ben, K. S. (2007). Internet use, abuse, and dependence among students at a Southeastern regional university (Uso, abuso e dependência da Internet entre estudantes de uma universidade regional do Sudeste). *Journal of American College Health, 56(2)*, 137-144. doi:10.3200/JACH.56.2.137-146

Francis, L. J. (1994). The relationship between computer related attitudes and gender stereotyping of computer use. *Computers and Education, 22*(4), 283-289. http://dx.doi.org/10.1016/0360-1315(94)90050-7

Fuchs, L., Pemul, G., & Sandhu, R. (2011). Roles in information security - A survey and classification of the research area. *Computers & Security, 30(8)*, 748-769. doi:10.1016/j.cose.2011.08.002

Fumell, S. (2007). Tornar a segurança utilizável: As coisas estão a melhorar? *Computers and Security, 26(6)*, 434-443.

Gainor, K. A. (2000). Inclusão de questões transgénero na psicologia de lésbicas, gays e bissexuais: Implicações para a prática clínica e a formação. Em B. Greene & G. L. Croom (Eds.), *Education, research, and practice in lesbian, gay, bisexual, and transgendered psychology: A resource manual* (pp. 131-160). Thousand Oaks, CA: Sage.

Garland, K.J.,& Noyes, J. M. (2005). Attitudes and confidence towards computers and books as learning tools: across-sectional study of student cohorts. *British Journal of Educational Technology, 36*, 85-91.

Garrison, C. P., & Ncube, M. (2011). Uma análise longitudinal das violações de dados. *Gestão da Informação e Segurança Informática, 19 A)*. 216-230. http://dx.doi.org/10.1108/09685221111173049

Gattiker, U., & Kelley, H. (1997). *O crime tecnológico e o terror contra a organização do futuro: E os cyberpunks?* Retirado de http://www.egov.ufsc.br/portal/sites/default/files/anexos/29419-29437-l-PB.html

Gercke, M. (2006). O lento despertar de uma abordagem global contra a cibercriminalidade. *Computer Law Review International, 5,* 140-145.

Gercke, M. (2008). National, regional and international approaches in the fight against cybercrime. *Computer Law Review International, 9*(1), 7-13.

Gibbs, J. P. (1975). *Crime, punishment, and deterrence.* New York: Elsevier.

Goldstein, N. J., Cialdini, R. B., & Griskevicius, V. (2008, agosto). Um quarto com um ponto de vista: Usando normas sociais para motivar a conservação ambiental em hotéis.

Journal of Consumer Research, 35. doi:10.1086/586910

Goodell, J. (1996). *O ladrão cibernético e o samurai.* Nova Iorque: Dell Publishing.

Gordon, L. A., Loeb, M. P., Lucyshyn, W., & Richardson, R. (2006). *CSI/FBI computer crime and security survey.* Obtido em http://i.cmpnet. com/gocsi/db_area/pdfs/fbi/FBI2006.pdf

Grant, L. G., & Royle, T. M. (2011). Tecnologia da informação e seu papel na criação de vantagem competitiva sustentável. *Journal of International Management Studies, 6*(1), 1-7. Disponível em http://www.jimsjoumal.org/pi.html

Groves, R. M., Fowler, F. J., Jr., Couper, M. P., Lepkowski, J. M., Singer, E., & Tourangeau. (2009). *Survey methodology* (2ª ed.). Hoboken, NJ: John Wiley and Sons, Inc.

Gupta, M., & Sharman, R. (2008). *Handbook of research on social and organizational liabilities in information security.* New York: State University ofNew York Press.

216

Hafner, K. & Markoff, J. (1995). Cyberpunks: Outlaws andhackers on the computer frontier. Toronto: Simon and Schuster.

Haley, C. B., Laney, R. C., Moffett, J. D., & Nuseibeh, B. (2006). Usando pressupostos de confiança com requisitos de segurança. *Engenharia de Requisitos, 11*(2), 138151. doi:10.1007/s00766-005-0023-4

Hammond, D. (2010). *Ciência da síntese: Explorando as implicações sociais da teoria geral dos sistemas.* Boulder, CO: University Press of Colorado.

Hargittai, E., & Shafer, S. (2006). Differences in atual andperceived online skills: The role of gender. *Social Science Quarterly, 87(2),* 432-448.

Harris, S. (2010, 20 de julho). Guerra de palavras. *NextGov.* Recuperado de http://www.nextgov.com/nextgov/ng_20100730_1013.php

Harris, S. (2013). CISSP all-in-one exam guide (6ª ed.). Nova Iorque: McGraw-Hill Education.

Herath, T., Chen, R., Wang, J., Banjara, K., Wilbur, J., & Rao, H. R. (2014). Serviços de segurança como mecanismos de enfrentamento: Uma investigação sobre a intenção do utilizador de adotar um serviço de autenticação de e-mail. *Information Systems Journal, 24,* 61-84. doi:10.1111/j.l365-2575.2012.00420.x

Herath, T., & Rao, H. R. (2009). Motivação e dissuasão da proteção: A framework for security policy compliance in organizations. *European Journal of Information Systems, 18*(2), 106-125. doi:10.1057/ejis.2009.6

Hille, P., Walsh, G., & Cleveland, M. (2015). Medo do consumidor de roubo de identidade online: Scale development andvalidation. *Journal of Interactive Marketing, 30,* 1-19. doi:10.1016/j.intmar.2014.10.001

Hollin, C. R. (1989). *Psychology and crime: An introduction to criminological psychology*. New York: Routledge.

Horrigan, J. B. (2010, fevereiro). *Broadband adoption and use in America* (OBI working paper series no. 1)Retrieved from https://transition.fcc.gov/national-broadband-plan/broadband-adoption-in-america-paper.pdf

Howard, J. (1997). Analysis of security incidents on the Internet (Dissertação de doutoramento não publicada). Carnegie Mellon University, Pennsylvania.

Hutchison, S. (1997). *Computer crime in Canada*. Manuscrito não publicado.

Internet Crime Complaint Center [ICCC], (2011). *Relatório anual de 2010 sobre crimes na Internet*. Obtido em http://www.ic3.gov/media/annualreport/2010_IC3Report.pdf

Isaac, S., & Michael, W. B. (1997). *Handbook in research and evaluation: A collection of principles, methods and strategies useful in the planning, design and evaluation of studies in education and the behavioral sciences* (3rd ed.). San Diego: Educations and Industrial Testing Services.

ITU. (2012, setembro). *Compreender a cibercriminalidade: Phenomena, challenges and legal response* (Preparado pelo Prof. Dr. Marco Gercke, nova ed.). Recuperado de http://www.itu.int/ITU-D/cyb/cybersecurity/docs/Cybercrime%20legislation%20EV6.pdf

UIT. (2016).Definição de cibersegurança. Obtido em http://www.itu.int/en/ITU-T/studygroups/com17/Pages/cybersecurity.aspx

Jackson, L. A., Ervin, K. S., Gardner, P. D., & Schmitt, N. (2001). Gender and the Internet: Women communicating andmen searching. *Sex Roles, 44(5)*, 363-379. doi:10.1023/A:1010937901821

Jay, G. M., & Willis, S. L. (1992). Influência da experiência direta com computadores nas atitudes dos adultos mais velhos em relação aos computadores. *Journals of Gerontology, 47(4)*, 250-257.

Joinson, A. N. (2001). Self-disclosure in computer-mediated communication: The role of self-awareness and visual anonymity. *Jornal Europeu de Psicologia Social, 31*(2), 177-192.

Jones, C. W. (2005). *Convenção do Conselho da Europa sobre o cibercrime: Temas e crítica.* Berkeley, CA: Universidade da Califórnia em Berkeley.

Jones, S. (2002). *The Internet goes to college: Como os estudantes estão a viver no futuro com a tecnologia atual.* Obtido em http://www.pewlntemet.org/files/old-media/Files/Reports/2002/PIP_College_Report.pdf.pdf

Kabay, M. E. (2008). *.0 breve história da criminalidade informática: Uma introdução para estudantes.*

Norwich, CT: Escola de Estudos Graduados. Obtido em www.mekabay.com/overviews/history.pdf

Kankanhalli, A., Teo, H.-H., Tan, B. C. Y., & Wei, K.-K. (2003). An integrative study of information systems security effectiveness. *International Journal of Information Management, 23*(2), 139-154. http://dx.doi.org/10.1016/S0268-4012(02)00105-6

Kamow, C. E. A. (1994). Recombinant culture: Crime na rede digital. Recuperado de http://cpsr.org/prevsite/cpsr/privacy/crime/kamow.html/

Kissel, R. (Ed.). (2013, maio). Glossário dos principais termos de segurança da informação (NISTIR 7298 rev. 2). http://dx.doi.org/10.6028/NIST.IR.7298r2

Kominski, R. (1992). *Computer use in the United States: The bureau of the census surveys*. Trabalho apresentado na Reunião Anual da Sociedade Americana de Ciência da Informação, Pittsburgh, PA.

Kominski, R., & Newburger, E. (1999). *Access denied: Changes in computer ownership and use: 1984-1997*. Trabalho apresentado na Reunião Anual da American Sociological Association, Chicago, IL.

Kumar, A. P. (2009). *Direito cibernético: A view to social security.* Bangalore, Índia: .

Kutluca, T. (2011). A study on computer usage and attitudes toward computers of prospective preschool teacher. *Revista Internacional sobre Novas Tendências na Educação e suas Implicações,* 2(1), 1-17. Recuperado de http://ijonte.org/FileUpload/ks63207/File/tumu.pdf

Lai, F., Li, D., & Hsieh, C. (2012). Fighting identity theft: The coping perspective. *Decision Support Systems, 52,* 353-363. doi:10.1016/j.dss.2011.09.002

Leary, M. R. (1995). *Introdução aos métodos de investigação comportamental* (2ª ed.). Pacific Grove, CA: Brooks/Cole Publishing Company.

Lee, J., & Lee, Y. (2002). Um modelo holístico de abuso de computadores nas organizações. *Information Management and Computer Security, 10(2),* 57-63. http://dx.doi.org/10.1108/09685220210424104

Lee, S.M., Lee, S.-G., &Yoo,S. (2004). Um modelo integrador de abuso de computadores baseado no controlo social e nas teorias gerais de dissuasão. *Information and Management, 41*(6), 707-718. http://dx.doi.Org/10.1016/j.im.2003.08.008

Legris, P., Ingham, J., & Collerette, P. (2003). Porque é que as pessoas utilizam as tecnologias da informação? A critical review of the technology acceptance model. *Information & Management, 40*(3), 191-204. http://dx.doi.org/10.1016/S0378-

7206(01)00143-4

Levin, T., & Gordon, C. (1989). Effect of gender and computer experiences on attitudes towardcomputers. *Journal of Educational Computing Research, 5*(1), 69-88. doi:10.2190/VEPG-500C-2AWM-lK15

Levy, P. S., & Lemeshow, S. (1999). *Sampling of populations: Methods and applications* (3ª ed.). New York: John Wiley and Sons.

Lewis, J. L., & Sheppard, S. R. J. (2006). Cultura e comunicação: Can landscape visualization improve forest management consultation with indigenous communities? *Landscape and Urban Planning, 77*(3), 291-313. http://dx.doi.Org/10.1016/j.landurbplan.2005.04.004

Lieberman, M. D., & Cunningham, W. A. (2009). Ferramentas do comércio de preocupações com erros de tipo I e tipo II na investigação de fMRI: Reequilibrar a balança. *Social Cognitive and Affective Neuroscience, 4*(4), 423-428. doi:10.1093/scan/nsp052

Liska, A. (1987). *Perspectives on crime and deviance* (2ª ed.). Englewood Cliffs, NJ: Prentice-Hall.

Littman, J. (1995). *O jogo do fugitivo: Online with Kevin Mitnick.* Toronto: Little Brown & Company.

Lo, C.-C., & Chen, W.-J. (2012). Um procedimento híbrido de avaliação de riscos de segurança da informação que considera a interdependência entre controlos. *Expert Systems with Applications, 59*(1), 247-257. http://dx.doi.Org/10.1016/j.eswa.2011.07.015

Loch, K. D., Carr, H. H., & Warkentin, M. E. (1992). Threats to information systems:

Today's reality, yesterday's understanding. A//S *Quarterly, 16*(2), 173-186. Recuperado de http://www.jstor.org/stable/249574

Magklaras, G. B., & Purnell, S. M. (2005). Um modelo preliminar de sofisticação do utilizador final para a previsão de ameaças internas em sistemas de TI. *Computer & Security, 24(5),* 371-380. http://dx.doi.Org/10.1016/j.cose.2004.10.003

Marsh, C. (1982). *O método do inquérito: The contribution of surveys to sociological explanation.* Londres: Allen & Unwin.

McHugh, J. A. M.,& Deek, F. P. (2005). Um sistema de incentivos para reduzir os ataques de malware. *Communication of the ACM, 48*(6), 94-99. http://dx.doi.org/10.1145/1064830.1064833

McIlroy, D., Bunting, B., Tierney, K., & Gordon, M. (2001). The relation of gender and background experience to self-reported computing anxieties and cognitions.

Computers in Human Behavior, 17(\), 21-33. http://dx.doi.org/10.1016/S0747-5632(00)00037-6

McIntyre, L. J. (1999). *O cético prático: Conceitos fundamentais em sociologia.* Mountain View, CA: MayfieldPublishing Company.

McLaughlin, G. (1978). Criminalidade informática: The Ribicoff Amendment to United States code, title 18. *Criminal Justice Journal, 2(2),* 217-238.

Messner, S. F., & Rosenfeld, R. (1994). *Crime and the American dream.* Belmont, CA: Wadsworth Publishing Company.

Miller, A. R. (1971). *The assault on privacy-computers, data banks, and dossiers [O ataque à privacidade-computadores, bancos de dados e dossiês].* Ann Arbor, MI: University of Michigan Press.

Min, H., Lim, Y. K., & Park, J. W. (2015). Integração de tecnologias de raios X com sistemas de transporte inteligentes para melhorar a segurança marítima internacional. *International Journal of Logistics Systems and Management, 22,* 1-14. doi:10.1504/IJLSM.2015.070888

Mitchell, V. L., & Nault, B. R. (2003). *The emergence of functional knowledge in sociotechnical systems (A emergência do conhecimento funcional em sistemas sociotécnicos).* Calgary, Alberta, Canadá: Haskayne School of Business University of Calgary.

Mitnick, K. D.,& Simon, W. L. (2003). *A arte do engano: Controlando o elemento humano da segurança.* Nova Iorque: John Wiley and Sons Inc.

Moeller, L., & Valentinov, V. (2012). A comercialização do sector não lucrativo: Uma perspetiva geral da teoria dos sistemas. *Systemic Practice & Action Research, 25*(4), 365-370. doi:10.1007/sll213-011-9226-4

Moore, D. (1987). Political campaigns and the knowledge-gap hypothesis. *Public Opinion Quarterly, 51*(2), 186-200.

Morahan-Martin, J. (1998). Homens, mulheres e a Internet. Em J. Gackenbach (Ed.), *Psychology and the Internet* (pp. 169-197). San Diego: Academic Press.

Musil, S. (2014, 19 de fevereiro). A quebra de dados na Universidade de Maryland expõe 300 mil registos. *CNET.* Recuperado de http://www.cnet.com/news/data-breach-at-university-of-maryland-exposes-300k-records

Nair, S. N., Lee, C. C., & Czaja, S. J. (2005). Older adults and attitudes toward computers: have they changed with recent advances in technology? *Actas da 49ª Reunião Anual da Sociedade de Factores Humanos e Ergonomia* (pp. 154-157). SantaMomca, CA.

National Telecommunications and InformationAdministration [NTIA], (1999). *Falling through the net: Defining the digital divide.* Washington, DC: U.S. Department of Commerce.

Neufeldt, V., & Guralnik, D. B. (1991). *Webster's new world dictionary of American English* (3ª ed.). New York: Prentice Hall.

Neumann, P. (1999, agosto). *The challenges of insider misuse.* Documento apresentado no Workshop on Preventing, Detecting, and Responding to Malicious Insider Misuse, Santa Monica, CA. Recuperado de http://www.csl.sri.com/users/neumann/pgn-misuse.html

Newman, G. R. (2009). Cybercrime. Em M. D. Krohn, A. J. Lizotte, & G. Penly Hall. (Eds.), *Handbook on crime and deviance* (pp. 551-584). New York: Springer.

Nhan, J., & Bachmann, M. (2011). Desenvolvimentos na criminologia cibernética. Em M. Maguire & D. Okada (Eds), *Critical issues in crime and justice: Thought, policy, and practice* (pp. 164-183). LosAngeles: SAGE.

Nhara, W. G. (1996, fevereiro). *Early warning and conflict in Africa* (Documento ocasional da OUA nº 1). Obtido em https://issafrica.s3.amazonaws.com/site/uploads /paperl.pdf

NIST. (1993, maio). *People: Um ativo importante na segurança informática* [boletim NIST-CSL]. Recuperado de ftp://ciac.org/pub/ciac/secdocs/nist/csl93-10.txt

NIST. (2011). Relatório anual de 2010 da Divisão de Segurança Informática. Recuperado de http://csrc.nist.gov/publications/nistir/ir7751/nistir-7751_2010-csd-annual- report.pdf

NIST. (2016). *Visão geral do quadro de gestão de riscos (RMF) do Instituto Nacional de Normas e Tecnologia.* Recuperado de http://csrc.nist.gov/groups/SMA /fisma/framework.html#footnote2

Nolan, J. M., Schultz, P. W., Cialdini, R. B., Goldstein, N. J., & Griskevicius, V. (2008). Normative social influence is underdetected. *Personality and Social Psychology Bulletin, 34*(7), 913-923. doi:10.1177/0146167208316691

Norris, P. (2001). *Digital divide: civic engagement, information poverty and the Internet in democratic societies.* Nova Iorque: Cambridge University Press.

Nycum, S. H. (1976). *The criminal law aspects of computer abuse: Aplicabilidade do código penal federal ao abuso de computadores.* Menlo Park, CA: Instituto de Investigação de Stanford.

Ono, H., & Zavodny, M. (2003). Gender andthe Internet. *Social Science Quarterly, 84(f)* 111-121. http://www.jstor.org/stable/42955858

Orgill, G. L., Romney, G. W., Bailey, M., & Orgill, P. (2004). A urgência de uma educação eficaz sobre a privacidade do utilizador para combater os ataques de engenharia social a sistemas informáticos seguros. *Actas da 5ª Conferência sobre Educação em Tecnologias da Informação* (pp. 177-181). http://dx.doi.org/10.1145/1029533.1029577

Palis, C. (2012). Internet economy: How essential is the Internet to the U.S.? (INFOGRÁFICO) *The Huffington Post.* Recuperado de http://www.huffingtonpost.com/2012/03/20/Intemet-economy-
infographic_n_1363592.html

Parker, D. B. (1998). *Luta contra a criminalidade informática: A new framework for protecting information.* Nova Iorque: John Wiley and Sons.

Parsons, K., McCormac, A., Butavicius, M., Pattinson, M., & Jerram, C. (2014). Determinar a conscientização dos funcionários usando os aspectos humanos do questionário de segurança da informação (HAISQ). *Computadores e Segurança, 42.* 165-176.

Parsons, K. M., Young, E., Butavicius, M. A., McCormac, A., Pattinson, M.R.,&

Jerram, C. (2015). A influência da cultura organizacional de segurança da informação na

tomada de decisões de segurança da informação. *Journal of Cognitive Engineering and

Decision Making, 9,* 117-129. doi:10.1177/1555343415575152

Pattinson, M.R.,& Anderson, G. (2007). Até que ponto os riscos da informação estão a

ser comunicados aos utilizadores finais do seu computador? *Information Management &

Computer Security, 15(5),* 362-371. http://dx.doi.org/10.1108/09685220710831107

Puhakainen, P., & Siponen, M. (2010). Melhorar a conformidade dos funcionários através

da formação em segurança dos sistemas de informação: Um estudo de investigação-ação.

MIS Quarterly, 34(4), 757-778.

Pfohl, S. (1994). *Imagens do desvio e do controlo social: Uma história sociológica* (2.ª

ed.). NewYork: McGraw-Hill.

Pfuhl, E. H., & Henry, S. (1993). *The deviance process* (3ª ed.). Nova Iorque: Aldine de

Gruyter.

Pidd, M. (2003). *Tools for thinking: Modelação da ciência da gestão* (2.ª ed.). Chichester,

Reino Unido: JohnWiley & Sons Ltd.

Instituto Ponemon. (2013, maio). *Estudo sobre o custo da violação de dados: Global

analysis* (Pesquisa de referência patrocinada pela Symantec e conduzida de forma

independente pelo Ponemon Institute). Recuperado de

http://www.ponemon.org/local/upload/file/2013%20

Report%20GLOBAL%20CODB%20FINAL%205-2.pdf

Instituto Ponemon. (2014, maio). *Estudo sobre o custo da violação de dados: United

States* (Pesquisa de referência patrocinada pela IBM e conduzida independentemente pelo Ponemon Institute). Obtido em

http://community.corporatecompliance.org/HigherLogic/

System/DownloadDocumentFile.ashx?DocumentFileKey=b752a3dl-3dc2-4fa7- 9cbf-

d81dd8e5fcf5

Power, R. (2002). 2002 CSI/FBI computer crime and security survey. *Computer Security Issues & Trends 5*(1), 1-24.

Price Waterhouse Cooper. (2013). *Inquérito de 2013 sobre violações da segurança da informação.* Recuperado

de www.pwc.co.uk/assets/pdf/cyber-security-2013-technical-report.pdf

Posthumus, A., & von Solms, R. (2004). Um quadro para a governação da segurança da informação. *Computers and Security, 23*(8), 638-646.

http://dx.doi.Org/10.1016/j.cose.2004.10.006

Power, R. (2002). 2002 CSI/FBI computer crime and security survey. *Computer Security Issues & Trends 5*(1), 1-24.

Rasch, M. D. (1996). O direito penal e a Internet. Em J. F. Ruh (Ed.), *The Internet and business: A lawyer's guide to the emerging legal issues.* Obtido em http://groups.csail.mit.edu/mac/classes/6.805/articles/computer-crime/rasch- criminal-law.html

Rasmussen, J. (1994). Gestão do risco, adaptação e conceção para a segurança. Em B. Brehmer & N.-E. Sahlin (Eds.), *Future risks and risk management* (pp. 1-36). Dordrecht: Kluwer Academic Publishers.

Reason, J. *(1991). Managing the risks of organizational accidents.* Burlington, VT: Ashgate.

Reinard, J. C. (1998). *Introduction to communication research* (2ª ed.). Boston: McGraw Hill.

Resolução 45 (2006, março). *Mecanismos para reforçar a cooperação em matéria de cibersegurança, incluindo o combate ao spam* (Documento 116[Rev.5]-E). Retirado de http://www.itu.int/ITU-D/cyb/cybersecurity/docs/WTDC06_resolution_45-e.pdf

Resolução 64/211. (2009, 21 de dezembro). Criação de uma cultura mundial de cibersegurança e balanço dos esforços nacionais para proteger as infra-estruturas críticas da informação. Retirado de http://www.un.org/en/ga/search/view_doc.asp7symbol =A/RES/64/211

Rezgui, Y., & Marks, A. (2008). Sensibilização para a segurança da informação no ensino superior: An exploratory study. *Journal of Computer and Security, 27*(1), 241-253.

Rezmierski, V. E., Seese, M. R., Jr., & St. Clair, N., II. (2002). University systems security logging: who is doing it and how far can they go? *Computers and Security, 21(6)*, 557-564. http://dx.doi.org/10.1016/S0167-4048(02)01015-5

Rhee, H.-S., Kim, C., & Ryu, Y. U. (2009). Auto-eficácia em segurança da informação: Its influence on end users' information security practice behaviour. *Computers & Security, 28(8)*, 816-826. http://dx.doi.Org/10.1016/j.cose.2009.05.008

Robson, C. (1993). *Real world research. A resource for social scientists and practitionerresearchers.* Oxford, Reino Unido: Blackwell.

Rogers, E. M. (1995). *Diffusion of innovations* (4ª ed.). Nova Iorque: Free Press.

Rogers, W. A., Cabrera, E. F., Walker, N., Gilbert, D. K., & Fisk, A. D. (1996). A survey of automatic teller machine usage across the adult life span. *Human Factors, 38*(1), 156-166.

Romanosky, S., Hoffman, D., & Acquisti, A. (2014). Análise empírica de litígios de violação de dados. *Journal of Empirical Legal Studies, 11*(1), 74-104. doi:10.1111/jels.l2035

Rossi, P. H., Wright, J. D., & Anderson, A. B. (Eds.). (1983). *Handbook of survey research.* New York: Academic Press.

Ryan, J. J. C. H., Mazzuchi, A. T., Ryan, J. D., Cruz, J. L., & Cooke, R. (2012). Quantificação de riscos de segurança da informação usando elicitação de julgamento de especialistas. *Computers & Operations Research, 39*(4), 774-784. doi:10.1016/j.cor.2010.11.013

Salant, P., & Dillman, D. A. (1994). *How to conduct your own survey.* New York: John Wiley and Sons.

Saracho, O. N. (2013). Escrever artigos de investigação para publicação na educação de infância. *Revista de Educação Infantil, 41,* 45-54. doi:10.1007/sl0643- 012-0564-3

Lei Sarbanes-Oxley de 2002, H.R.3763. (2002). Obtido em http://beta.congress.gov/ 107/plaws/publ204/PLAW-107publ204.pdf

Sasse, M. A., & Flechais, I. (2005). Segurança utilizável. Em L. F. Cranor & S. Garfinkel (Eds.), *Security and usability: Designing secure systems that people can use* (pp. 13-30). Sebastopol, CA: O'Reilly.

Schjolberg, S. (2004). Infracções informáticas. Apresentado na Octopus Interface 2004 - Conferência sobre o desafio da cibercriminalidade, Estrasburgo, França. Retirado de www.cybercrimelaw.net/documents/Strasbourg.pdf

Schjolberg, S. (2008). Agenda global de cibersegurança da UIT (GCA) (Relatório do Presidente doHLEG). Obtido em http://www.itu.int/en/action/cybersecurity/Documents

/gca-chairman-report.pdf

Schjolberg, S., & Hubbard, A. M. (2005, 10 de junho). *Harmonização das abordagens jurídicas nacionais em matéria de cibercrime* (Documento CYB/04). Reunião Temática da CMSI sobre Cibersegurança. Obtido em https://www.itu.int/osg/spu/cybersecurity /docs/Background_Paper_Harmonizing_National_and_Legal_Approaches_on_Cybercri me.pdf

Schmidt, H. (2010, 14 de julho). Relatório de progresso sobre cibersegurança [Blog post]. Obtido   em   http://www.whitehouse.gov/blog/2010/07/14/progress-reportcybersecurity?utm_source=related

Schmidt, H. (2010, 14 de julho). Relatório de progresso sobre cibersegurança. Recuperado   de   https://www.whitehouse.gov/blog/2010/07/14/progress-report-cybersecurity

Schneberger, S., & Wade, M. (2008). Teoria sociotécnica. InM. Gupta & R. Sharman (Eds.), *Handbook of research on social and organizational liabilities in information security.* New York: State University ofNew York.

Schneier B. (2000, 15 de outubro). Ataques semânticos: A terceira vaga de ataques a redes [Newsletter], Retrieved from http://www.sehneier.eom/erypto-gram-0010.html#1

Schou, C. D., & Trimmer, K. J. (2004). Information assurance and security. *Journal of Organizational and End User Computing, 16*(3).

Schultz, E. E. (2002). Um quadro para compreender e prever ataques internos. *Computers & Security,* 21(6), 526-531. http://dx.doi.org/10.1016/S0167- 4048(02)01009-X

Schultz, E. (2005). O fator humano na segurança. *Computers and Security, 24(6),* 425426.

Schultz, E. E., Proctor, R.W., Lien, M.-C., & Salvendy, G. (2001). Usabilidade e segurança: An appraisal of usability issues in information security methods (Uma avaliação das questões de usabilidade nos métodos de segurança da informação). *Computers and Security, 20*(18), 620-634. http://dx.doi.org/10.1016/S0167-4048(01)00712-X

Schumacher, P., & Morahan-Martin, J. (2001). Gender, Internet and computer attitudes and experiences. *Computers in Human Behavior, 17*(\), 95-110. http://dx.doi.org/10.1016/S0747-5632(00)00032-7

Schwartz, E. (1996). *Netactivism: How citizens use the Internet.* Sebastopol, CA: Songline Studies.

Schwartz, J. (1988). The computer market. *American demographics, 10,* 38-41.

Segev, A., Porra, J., & Roldan, M. (1998). Segurança na Internet e o caso do Bank of America. Communications of the ACM, 41 (10), 81-87. http://dx.doi.org/10.1145/286238.286251

Senders, J., & Moray, N. (1991). *Human error: Cause, prediction and reduction. Hillsdale, NJ: La/Vrencc Erlbaum Associates, Inc.*

Setia, P., Venkatesh, V., & Joglekar, S. (2013). Leveraging digital technologies: How information quality leads to localized capabilities and customer service performance. *MMIS Quarterly, 37(2),* 565-590. Recuperado de http://misq.org/

Shappell, S., & Wiegmann, D. (2001, fevereiro). Aplicando a razão: O sistema de análise e classificação dos factores humanos (HFACS). *Human Factors and Aerospace Safety, 1,* 59-86.

Shashaani, L. (1993). Gender-based differences in attitudes toward computers.

Computadores e Educação, 20(2), 169-181.

Shashaani, L. (1994). Gender-differences in computer experience and its influence on computer attitudes. *Journal of Educational Computing Research, 11(4)*, 347-367. doi:10.2190/64MD-HTKW-PDXV-RD62

Shashaani, L. (1997). Gender differences in computer attitudes and use among college students. *Journal of Educational Computing Research, 16(\)*, 37-51. doi:10.2190/Y8U7-AMMA-WQUT-R512

Shaw, R., Chen, C., Harris, A., & Huang, H. (2009). The impact of information richness on information security awareness training effectiveness (O impacto da riqueza da informação na eficácia da formação em sensibilização para a segurança da informação). *Computers and Education, 52*(1), 92-100. http://dx.doi.Org/10.1016/j.compedu.2008.06.011

Sheppard, B. H., Hartwick, J., & Warshaw, P. R. (1998). The theory of reasoned action: A meta-analysis of past research with recommendations for modifications in future research. *Journal of Consumer Research, 15(3)*, 325-343. http://www.jstor.org/stable/2489467

Sherman, R. C., End, C., Kraan, E., Cole, A., Campbell, J., Birchmeier, Z., & Klausner, J. (2000). The Internet gender gap among college students: Forgotten but not gone. *CyberPsychology & Behavior, 3*(5), 885-894. doi:10.1089/10949310050191854

Sieber, U. (2004, dezembro). *Relatório sobre a situação da criminalidade organizada: Foco na ameaça da cibercriminalidade.* Obtido em http://www.coe.int/t/dghl/cooperation/economiccrime /organisedcrime/Organised%20Crime%20Situation%20Report%202004.pdf

Siegel, L. J. (1992). *Criminology: Theories, patterns, and typologies* (4ª ed.). St. Paul, MN: West Publishing.

Siegel, L. J. (2006). *Criminology* (9ª ed.). Belmont, CA: ThomsonWadsworth.

Simon, M., & Slay, J. (2006). Voz sobre IP: implicações para a computação forense. Documento apresentado na Conferência Forense Digital Australiana. http://dx.doi.org/10.4225/75/57bl3904c7058

Siponen, M. T.,& livari, J. (2006). Estrutura teórica da conceção da segurança dos SI e seis abordagens à aplicação de políticas e diretrizes de segurança dos SI. *Journal of the Association for Information Systems, 7(7)*, 445-472.

Siponen, M. T., & Willison, R. *(2007). Uma avaliação crítica da investigação sobre segurança dos SI entre 1990-2004.* Actas do ECIS 2007, Documento 190. Recuperado de http://aisel.aisnet.org/cgi/viewcontent.cgi?article=1006&context=ecis2007

Smith, A. (2014). *Older adults and technology use [Adultos mais velhos e uso de tecnologia].* Washington, DC: Pew Research Centre.

Smith, B., Caputi, P., & Rawstone, P. (2000). Diferenciação entre experiência com computadores e atitudes em relação aos computadores: An empirical investigation. *Computers in Human Behavior, 16(\),* 59-81.http://dx.doi.org/10.1016/S0747-5632(99)00052-7

Smith, M. (1989). Computer security threats, vulnerabilities and countermeasures. *Information Age, 11* (4), 205-210.

Smith, S. D. (1986). Relationships of computer attitudes to sex, grade-level, andteacher influence. *Education, 106(3),* 338-344.

Snow, G. (2011, Março31). *The 21st cntury Threat [A ameaça do século XXI].*

Conferência CyberFutures, National Harbor, MD.

Sofaer, A., & Goodman, S. E. (2001). *The transnational dimension of cybercrime (A dimensão transnacional do cibercrime)*. Stanford, CA: Hoover Institute Press.

Soo Hoo, K. J. (2000). *How much is enough: A risk management approach to computer security*. Documento de trabalho, Center for International Security and Cooperation, StanfordUniversity, Stanford, CA. Disponível em http://cisac.fsi.stanford.edu /publications/how_much_is_enough__a_riskmanagement_approach_to_computer_secur ity

Sproull, L., & Kiesler, S. (1992). *Conexões: New ways of working in the networked organization*. Cambridge, MA: MIT Press.

Stanton, J. M., Stam, K. R., Mastrangelo, P., & Jolton, J. (2005). Análise dos comportamentos de segurança do utilizador final. *Computers and Security, 24(2)*, 124-133. http://dx.doi.Org/10.1016/j.cose.2004.07.001

Sterling, B. (1992). *The hacker crackdown: Law and disorder on the electronic frontier*. Nova Iorque: Bantam Books.

Straub, D. W. (1990). Segurança efectiva dos SI: Um estudo empírico. *Information Systems Research, 1*(3), 255-276. http://dx.doi.Org/10.1287/isre.l.3.255

Straub, D. W., & Welke, R. J. (1998). Lidar com o risco dos sistemas: Modelos de planeamento de segurança para a tomada de decisões de gestão. A/IS *Quarterly, 22(4)*, 441-469. http://dx.doi.org/10.2307/249551

Stoll, C. (1985). *O ovo do cuco: Tracking a spy through the maze of computer espionage*. New York: Mass Market Paperback.

Straub, D. W. (1990). Segurança efectiva dos SI: An empirical study. *Information*

Systems Research, 1(3), 255-276. http://dx.doi.Org/10.1287/isre.l.3.255

Straub, D. W., & Welke, R. J. (1998). Lidar com o risco dos sistemas: Modelos de planeamento de segurança para a tomada de decisões de gestão. A/IS *Quarterly, 22*(4), 441-469.

Summers, R. C. (1997). *Computação segura: Threats and safeguards (Ameaças e salvaguardas)* (Vol. 5). Nova Iorque: McGraw-Hill.

SuveyMonkey. (2015). Retrievedfromhttps://www.SuveyMonkey.com

Susanto, H., Almunawar, M. N., & Tuan, Y. C. (2012). Desafio e violações de segurança da informação: Abordagem de novidade na medição do nível de prontidão da ISO 27001. Revista Internacional de Engenharia e Tecnologia, 2(1), 67-75.

Sutherland, E. H. (1947). *Principles of criminology* (4ª ed.). New York: J. B. Lippincott.

Taylor, P. (1998). *Hackers: The hawks and the doves-enemies & friends.* Manuscrito não publicado.

Taylor, P. J., & Nufryk, J. (2014). *CompTIA security+ (exame SYO-401).* Rochester, NY: Logical Operations.

Taylor, S., & Todd, P. (1995). Avaliação da utilização das TI: The role of prior experience. *MIS Quarterly, 19(4),* 561-570. http://dx.doi.org/10.2307/249633

Thackeray, G. (1985). Computer-relatedcrimes: Anoutline. *Jurimetrics Journal, 25(3),* 300-308.

Theoharidou, M., Kokolakis, S., Karyda, M., & Kiountouzis, E. (2005). A ameaça interna aos sistemas de informação e a eficácia da norma ISO17799. *Computers & Security, 24(6),* 472-484. http://dx.doi.Org/10.1016/j.cose.2005.05.002

Thomson, K.-L., & von Solms, R. (2005). Obediência à segurança da informação: uma definição. *Computer & Security, 24(\),* 69-75. http://dx.doi.Org/10.1016/j.cose.2004.10.005

Thomson, M. E., & von Solms, R. (1998). Information security awareness: educating yourusers effectively. *Information Management & Computer Security, 6*(4), 167173. http://dx.doi.org/10.1108/09685229810227649

Thong, J. Y. L., Hong, W., & Tam, K.-Y. (2002). Compreender a aceitação das bibliotecas digitais pelos utilizadores: What are the roles of interface characteristics, organizational context, and individual differences? *International Journal of Human-Computer Studies, 57*(3), 215-242. http://dx.doi.org/10.1016/S1071-5819(02)91024-4

Trcek, D., Trobec, R., Pavesic, N., & Tasic, J. (2007). Segurança dos sistemas de informação e comportamento humano. *Behaviour & Information Technology, 26(2),* 113-118. doi:10.1080/01449290500330299

Trochim, W. M. K. (2006). *Métodos de investigação: Base de conhecimentos* (3ª ed.). Recuperado de http://www.socialresearchmethods.net/kb/index.php

Tsohou, A., Karyda, M., & Kokolakis, S. (2015, julho). Analisando o papel dos vieses cognitivos e culturais na internalização de políticas de segurança da informação: Recomendações para programas de conscientização sobre segurança da informação. *Computers & Security, 52,* 128-141. doi:10.1016/j.cose.2015.04.006

Tzu, S. (2005). *A arte ilustrada da guerra.* (S. B. Griffith, Trans.). Nova Iorque: Oxford University Press.

Nações Unidas. (2000, abril). *Crime e justiça: Meeting the challenges of the twenty- first century - guide for participants.* Décimo Congresso das Nações Unidas sobre a Prevenção do Crime e o Tratamento dos Delinquentes, Vienne, Áustria. abril de 2000 Disponível em https://www.asc41.com/UN_Congress/10th%20UN%20Congress%20on%20the%

20Prevention%20of%20Crime/10th%20Congress.htm

Nações Unidas. (1994). Manual das Nações Unidas sobre a prevenção e o controlo da criminalidade informática. New York: Nações Unidas

Velasco San Martin, C. (2009). Aspectos jurisdicionais da computação em nuvem. Actas da Conferência Octopus sobre Cooperação contra a Cibercriminalidade do Conselho da Europa. Obtido em http://www.coe.int/t/dghl/cooperation/economiccrime /cybercrime/Documents/Reports-Presentations/2079%20if09%20pres%20 cristos%20cloud.pdf

Venkatesh, V., & Davis, F. D. (2000). A theoretical extension of the technology acceptance model: Four longitudinal field *studies. Management Science, 46(2),* 186-204. http://dx.doi.Org/10.1287/mnsc.46.2.186.11926

Venkatesh, V., Morris, M. G., Davis, G. B., & Davis, F. D. (2003). User acceptance of information technology: Toward a unified view. *MIS Quarterly,* 27(3), 425-478.

Vijayan, J. (2010, julho 29). Os EUA devem procurar a cooperação mundial no conflito cibernético, diz o ex-diretor da CIA. *Computer World.* Retrieved from http://www.computerworld.com/article/2519677/cybercrime-hacking/u-s-should- seek-world-cooperation-on-cyber-conflict-says-ex-cia-diretor.html

von Bertalanffy, L. (1968). *Teoria geral dos sistemas: Foundations, development, application* (Rev. ed.). Nova Iorque: George Braziller.

von Bertalanffy, L., Juarrero, A., & Rubino, A. C. (2008, 30 de junho). Uma introdução a "An outline of general system theory". *Emergência: Complexity & Organization, 10,* 103-123.

Vroom, C., & von Solms, R. (2004). Towards information security behavioral compliance. *Computer & Security, 23(3),* 191-198. http://dx.doi.Org/10.1016/j.cose.2004.01.012

Ward, P., & Smith, C. L. (2002). O desenvolvimento de políticas de controlo de acesso para sistemas de tecnologia da informação. *Computer & Security, 21(4),* 356-337. http://dx.doi.org/10.1016/S0167-4048(02)00414-5

Warkentin, M., & Johnston, A. C. (2006). IT security governance and centralized security controls. Em M. Warkentin & R. Vaughn (Eds.), *Enterprise information systems assurance and system security: Managerial and technical issues* (pp.16-24). Hershey, PA: Idea Group Publishing.

Weiser, E. B. (2000). Gender differences in Internet use patterns and Internet application preferences: Atwo-sample comparison. *CyberPsychology & Behavior, 3*(2), 167178. doi:10.1089/109493100316012

Westin, A. F., & Baker, M. A. (1973). *Data banks in a free society: Computer, recordkeeping, and privacy* [Revisão do livro com o mesmo título]. *Administrative Science Quarterly, 18*(3), 419-422. doi:10.2307/2391684

White, S. (2014, 8 de outubro). Os ciberataques globais aumentaram 48% em 2014. *The Journal of Accountancy.* Recuperado de www.joumalofaccountancy. com/News/201411089.htm

Whitman, M. (2003). Enemy at the gate: Threats to information security. *Communications of the ACM, 46(8),* 91-95. http://dx.doi.org/10.1145/859670.859675

Whitman, M. E., & Mattord, H. J. *(2004-). Gestão da segurança da informação.* Boston, MA: Thomson Course Technology.

Whitman, M. E., & Mattord, H. J. (2011). *Princípios de segurança da informação* (4.ª ed.). Boston, MA: Course Technology Press.

Wiegmann, D., Rich, A., & Shappell, S. (2000). *Erro humano e teorias de causalidade de acidentes - quadros e técnicas analíticas: An annotated bibliography* (Tech, rep. ARL-00-12/FAA-00-7). Savoy, IL: Universidade de Illinois, AviationResearch Lab.

Wilson, C. (2007). *Cibercrime e ciberterrorismo: Vulnerabilidades e questões políticas para o Congresso*. Recuperado de https://www.fas.org/sgp/crs/terror/RL32114.pdf

Wilson, J. (2010). Essentials ofbusiness research: Um guia para realizar o seu projeto de investigação. Los Angeles: SAGE Publications.

Witt, K. J. (1998). Melhores práticas em entrevista viathe Internet. Actas da Sawtooth Software Conference, Sawtooth Software, Inc., Sequim, Washington, 15-37.

Wolfradt, U., & Doll, J. (2001). Motivos dos adolescentes para utilizar a Internet em função de traços de personalidade, factores pessoais e sociais. *Journal of Educational Computing Research, 24(1)*, 13-27. doi:10.2190/ANPM-LN97-AUT2-D2EJ

Woon, I.M.,& Kankanhalli, A. (2003, dezembro). Medição dos factores que influenciam a eficácia da segurança da informação nas organizações. *Actas do 13º Workshop Anual sobre Tecnologias e Sistemas de Informação* (pp. 19-24). Seattle, WA.

Yee, H. E. (1984). Criminalidade informática juvenil: Criminal and civil liability. *Communications and Entertainment Law Journal, 7,335.*

Yin, R. K. (2013). *Pesquisa de estudo de caso: Design and methods* (5ª ed.). Thousand Oaks, CA: Sage.

Yoh, E., Damhorst, M. L., Sapp, S., & Laczniak, R. (2003). Consumer adoption of the Internet: O caso das compras de vestuário. *Psychology & Marketing, 20(12)*, 10951118.

doi:10.1002/mar,10110

Yushau, B. (2006). Os efeitos do e-leaming combinado nas atitudes em relação à matemática e ao computador na álgebra pré-cálculo. *The Montana Mathematics Enthusiast,* *3*(2), 176183. Obtido em http://www.math.umt.edu/tmme/vol3no2/TMMEvol3no2_SaudiArabia_ppl76_183.pdf

Zeithaml, V. A., & Gilly, M. C. (1987). Caraterísticas que afectam a aceitação das tecnologias de venda a retalho: A comparison of elderly and nonelderly consumers. *Journal of Retailing, 63*(1). 49-68.

Zhang, X., van Donk, P. D., & van derVaart, T. (2011). As TIC influenciam a gestão e o desempenho da cadeia de abastecimento? A review of survey-based research. *International Journal of Operations & Production Management, 31,* 1215-1247. http://dx.doi.org/10.1108/01443571111178501

Zickuhr, K. (2013). *Quem não está em linha e porquê* [Relatório], Disponível em http://www.pewIntemet.org/2013/09/25/whos-not-online-and-why/

Printed by Books on Demand GmbH, Norderstedt / Germany